郦道元与「水经注」新解

王守春 ● 著

深圳出版发行集团
海天出版社

图书在版编目（CIP）数据

郦道元与《水经注》新解 / 王守春著. —
深圳：海天出版社，2013.2
　　（自然国学丛书）
　　ISBN 978－7－5507－0655－2

　　Ⅰ．①郦… Ⅱ．①王… Ⅲ．①郦道元（约470～527）
—人物研究②《水经注》—研究 Ⅳ．①K825.89 ②K928.4

　　中国版本图书馆CIP数据核字(2013)第013377号

郦道元与《水经注》新解
Li Daoyuan Yu Shuijing Zhu Xin Jie

出 品 人　尹昌龙
总 策 划　尹昌龙
出版策划　毛世屏
丛书主编　孙关龙　宋正海　刘长林
责任编辑　秦　海
责任技编　蔡梅琴
封面设计　同舟设计/李杨

出版发行　海天出版社
地　　址　深圳市彩田南路海天大厦（518033）
网　　址　www.htph.com.cn
订购电话　0755-83460293（批发）　83460397（邮购）
设计制作　深圳市同舟设计制作有限公司　Tel：0755-83618288
印　　刷　深圳市金豪毅彩色印刷有限公司
版　　次　2013年2月第1版
印　　次　2013年2月第1次
开　　本　787mm×1092mm　1/16
印　　张　14
字　　数　175千
定　　价　32.00元

总 序

　　21世纪初，国内外出现了新一轮传统文化热。广大百姓以从未有过的热情对待中国传统文化，出现了前所未有的国学热。世界各国也以从未有过的热情学习和研究中国传统文化，联合国设立孔子奖，各国雨后春笋般地设立孔子学院或大学中文系。显然，人们开始用新的眼光重新审视中国传统文化，认识到中国传统文化是中华民族之根，是中华民族振兴、腾飞的基础。面对近几百年以来没有过的文化热，这就要求我们加强对传统文化的研究，并从新的高度挖掘和认识中国传统文化。我们这套《自然国学丛书》就是在这样的背景下应运而生的。

　　自然国学是我们在国家社会科学基金项目"中国传统文化在当代科技前沿探索中如何发挥重要作用的理论研究"中，提出的新研究方向。在我们组织的、坚持20余年约1000次的"天地生人学术讲座"中，有大量涉及这一课题的报告和讨论。自然国学是指国学中的科学技术及其自然观、科学观、技术观，是国学的重要组成部分。长久以来由于缺乏系统研究，以致社会上不知道国学中有自然国学这一回事；不少学者甚至提出"中国古代没有科学"的论断，认为中国人自古以来缺乏创新精神。然而，事实完全不是这样的：中国古代不但有科学，而且曾经长时期地居于世界前列，至少有甲骨文记载的商周以来至17世纪上半叶的中国古代科学技术一直居于世界前列；在公元3～15世纪，中国科学技术则是独步世界，占据世界领先地位达千余年；中国古人富有创新精神，据统计，公元前6世纪至公元1500年的2000多年中，中国的技术、工艺

1

发明成果约占全世界的54%；现存的古代科学技术知识文献数量，也超过世界任何一个国家。因此，自然国学研究应是21世纪中国传统文化一个重要的新的研究方向。它的深入研究，不仅能从新的角度、新的高度认识和弘扬中国传统文化，使中国传统文化获得新的生命力，而且能从新的角度、新的高度认识和弘扬中国传统科学技术，有助于当前的科技创新，有助于走富有中国特色的科学技术现代化之路。

本套丛书是中国第一套自然国学研究丛书。其任务是：开辟自然国学研究方向；以全新角度挖掘和弘扬中国传统文化，使中国传统文化获得新的生命力；以全新角度介绍和挖掘中国古代科学技术知识，为当代科技创新和科学技术现代化提供一系列新的思维、新的"基因"。它是"一套普及型的学术研究专著"，要求"把物化在中国传统科技中的中国传统文化挖掘出来，把散落在中国传统文化中的中国传统科技整理出来"。这套丛书的特点：一是"新"，即"观念新、角度新、内容新"，要求每本书有所创新，能成一家之言；二是学术性与普及性相结合，既强调每本书"是各位专家长期学术研究的成果"，学术上要富有个性，又强调语言上要简明、生动，使普通读者爱读；三是"科技味"与"文化味"相结合，强调"紧紧围绕中国传统科技与中国传统文化交互相融"这个纲要进行写作，要求科技器物类选题着重从中国传统文化的角度进行解读，观念理论类选题注重从中国传统科技的角度进行释解。

由于是第一套自然国学丛书，加上我们学识不够，本套丛书肯定会存在这样或那样的不足，乃至出现这样或那样的差错。我们衷心地希望能听到批评、指教之声，形成争鸣、研讨之风。

《自然国学丛书》主编

2011年10月

目 录

前　言

　　"读万卷书，行万里路"，是中国历史上许多名人学者追求的目标或践行的准则。如孔子，不仅阅读了在他之前的经典著作，还周游列国。正是有丰富的阅历和经历，孔子才能著《春秋》和有《论语》中的精辟言论。但孔子受到时代的局限，所周游的列国仅限于黄河下游地区。孔子之后，值得称道的是司马迁。司马迁阅读前人著作的数量大大超过孔子，他考察过的地方也大大超过孔子。他的足迹西至崆峒（崆峒山位于今甘肃平凉和宁夏固原接壤地带），北至河套，考察草原文化；到燕赵大地，考察燕赵文化；东登泰山，去临淄、曲阜，考察齐鲁文化；南登庐山，上会稽，溯湘江而上，考察吴越楚文化；西南至川滇，观离堆，考察都江堰，考察巴蜀文化。正是有这样的阅历，司马迁才撰写出不朽的巨著《史记》。在司马迁之后，在读万卷书和行万里路方面，郦道元是最值得称道的。无论是读书的数量还是考察的地方，郦道元都远远超过孔子和司马迁。文献的数量随着时代的前进而不断增加。司马迁时代的文献数量大大超过孔子时代，到郦道元的时代，文献的数量又大大超过司马迁时代。据浙江大学陈桥驿先生统计，郦道元在《水经注》中引用的文献多达460多部。这些文献涉及经、史、子、集各大类。而且他对这些文献的引用非常娴熟，可以说是随手拈来。可见，他对阅读文献不是仅仅浏览，而是达到熟读的程度。再说行万里路，郦道元考察过的地方也要大大超过司马迁。虽然郦道元处在南北朝

1

的南北分裂时代，他无缘到南方考察（他对南方的向往在《水经注》中已充分表露），但他在北方，几乎考察了北魏政权控制下的大部分地方。应当说，郦道元考察过的地方，并不比司马迁少，甚至还比司马迁要多。

说到行万里路，先圣们并不是到各处游山玩水，而是有目的地到各地进行考察。在这方面，郦道元尤应值得称道。孔子周游列国，主要是考察各地的社会与人文，司马迁到各地考察的内容大大超过孔子，他除了考察各地的历史与文化，还考察各地的人文地理和水利。他的《史记》中的《货殖列传》和《河渠书》则是开创了史书的新篇章。而郦道元不仅考察各地的历史、文化及人文，他特别考察各地的自然环境，包括河道与河湖水文、地貌、植被等各种自然要素，为今天留下了丰富的有关古代自然环境的信息。

"读万卷书，行万里路"这一中华民族优良的传统治学之道，即使在信息高度发达，"秀才不出门，便可知天下事"的今天，也是应提倡的。虽然今天可从互联网上获得各种海量信息，但仅满足于用互联网来获得信息是远远不够的。因为互联网的普及，当今社会生活节奏的加快，以及人们的功利主义，造成快餐式的阅读。今天的人们像郦道元那样沉下心来阅读的虽然也有，但为数不多。对于在中华文化史上有重要地位的经典性著作，如果不能沉下心来阅读，何以能继承和发扬中华传统文化？至于说到行万里路，虽然今天旅游之风大兴，许多人游历过祖国的许多大好河山，但只是满足于观光和休闲，像司马迁和郦道元那样有目的地进行艰苦的野外考察，去收集第一手资料，并能在某一方面有所建树者，也实在是寥寥。因此，我们应大力提倡"读万卷书，行万里路"这一中华文化的优良传统。

郦道元作为一位伟大的地理学家，他考察过很多地方。但他究竟去过哪些地方，郦学史上没有人明确阐述过。但是弄清楚这个问题，无论对认识郦道元，还是对于阅读《水经注》这部伟大的地理学著作而言，都是非常重要的。笔者根据多年野外考察和对《水经注》的研读，对这一问题有些初步认识，在这本小册子中提出，以便引起关注，并请专家学者和广大读者批评指正。由于本书的篇幅所限，不能把郦道元考察过的所有地方都详细阐述，只能将他所去过的最西面、最北面、最东面和最南面的地方提出来，以抛砖引玉。

郦道元不仅对他所考察的北魏政权统辖下的北方广大地区充满深情的描写，而且对不在北魏政权统辖下的江南、岭南和西南地区以及青藏高原和西北的河西和新疆等广大地区，也作了深情描写和赞美。

郦道元具有站在时代前沿的自然观和科学观，具有科学严谨的工作方法，这是他能撰注出《水经注》一书的又一重要原因，也是本书要阐述的重要内容。

郦道元是我国古代伟大的地理学家，他所撰注的《水经注》是一部不朽的地理著作。该书是中华文化遗产中的一颗璀璨的明珠，受到国内外学术界重视，也为广大读者所喜爱。这是因为该书记载的内容极为丰富，对今天许多领域都有重要价值。本书将其归为"科学价值"和"文化价值"两大部分予以阐述。

《水经注》一书从明代以来，有众多国内外学者对其进行校勘、注释和研究，形成了一门专门的学问，被称为"郦学"。本书将对郦学的历史和今后展望进行简略的阐述。

本书在尽量吸取前人研究成果的基础上，尝试从若干新的视角来解读《水经注》。但该书内容极为丰富，而这本小册子又受字数限制，因此，对郦道元和《水经注》的介绍难免会挂一漏万。书中许多认识为作者一孔之见，错误和不当之处也是在所难免，敬请方家和广大读者指正。这本小册子若能对读者了解认识郦道元和《水经注》有所裨益，对今天的科学研究、生态文明建设和文化建设有所帮助，将是作者的莫大欣慰。

本书中的照片和插图凡未表明出处的，均为作者本人拍摄和绘制。

最后，还应感谢当代郦学泰斗浙江大学陈桥驿教授。陈先生长期以来对笔者提携和关怀，先生在郦学研究方面的每一成果，都馈赠于我，为我在郦学的研习方面提供了一条捷径，使我获益良多。这本小册子是我在陈先生的提携和关怀下研习郦学的初步体会和汇报。

2012年10月1日

照片2-1 黄河上游李家峡水库北侧丹霞山地鸟瞰（摄于李家峡水库南岸海拔3500米峭壁顶部）。红色砂岩形成的山体显得壮观而秀丽。中间偏右的灰色处为李家峡水库大坝。峡谷已被淹没在水下。

照片2-2 暮色中的李家峡水库南北两侧的巍峨群山，水体另一侧的远山为李家峡水库北侧山地，山体陡峻，可能即是郦道元描写之处（该山体下部可能更陡峻，现已被淹没在水库之下）；近景两重清晰的山地为水库南侧的坎布拉山区，陡立的山体、尖耸的山峰和红色的水平沉积岩层，形成典型丹霞地貌。近景白色条带为积雪。近景山体的中部有一顶部呈浑圆形的山峰，在该山峰之下有阿琼南宗寺，附近有岩洞和石窟，是藏传佛教后弘期发祥地。

照片2-3 青海李家峡水库南侧坎布拉丹霞地貌（网上下载自"游走西北网"·"人在旅途"摄）。远处高耸的山地即李家峡水库北侧丹霞山地，近景即坎布拉丹霞地貌的核心区，其中顶部浑圆的山体即阿琼南宗寺附近的丹霞山体。

照片2-4 滦河从蒙古高原进入燕山山地中，滦河正从峡谷流入宽谷，呈现宽谷和窄谷相间的景观（摄于滦平县西沟乡政府所在地，约位于滦平县城正北30千米）。

照片2-5 潍水下游景观（昌邑县城之东）。

照片2-6 郦道元考察的最东面的一条河——胶水（昌邑与平度二县界河）向北流经鲁北平原。

照片2-7 鲁北滨海盐场贮水池（位于昌邑市北胶河与潍河入海处之间）。

照片2-8 莱州湾南岸建于20世纪后半期的昌邑和平度二县之间的防潮大堤（近景为引海水入盐场的通道）。这里北望大海，如郦道元所描述的"北眺巨海，杳冥无极，天际两分，白黑分别"。

照片2-9 由河南省信阳市南面的武胜关东眺鸡公山，其山峰酷似高昂的雄鸡头，而山体酷似卧着的一只雄鸡。

照片5-1 位于红柳河畔的统万城遗址及周围一片茫茫沙地的沙漠化景观（摄于统万城西南角）。

照片5-2　统万城附近的奢延水（今称红柳河）谷地景观。谷地为灌溉农业，树木茂密。今天河谷两侧为广袤的毛乌素沙地。左侧近景为北岸厚厚的第四纪沉积沙层。

照片5-3　今天红柳河上游漫漫沙地中的巴图湾水库（在统万城西南），给沙漠带来一片生机盎然的景象。古代在红柳河上游地区也有湖泊存在，其周围应有相对较好的植被环境。

照片6-1 登泰山最艰巨的一段十八盘的起点龙门。两侧石壁峭立，形成幽深的峡谷通道。

照片6-2 登泰山南天门之路，"石壁宵窬"的十八盘路。

照片6-3　台阶陡峻的十八盘和位于其顶端的南天门，仰视南天门"如穴中视天"，远处山口处即南天门。

照片6-4　壶口瀑布上端，黄河的宽阔水面逐渐收聚并进入"壶口"。

照片6-5 壶口瀑布主体部分：被收进"壶口"之水形成落差高达20多米的澎湃轰响、浪花飞溅、洪流直下的瀑布，瀑布冲击着河床，形成深切的峡谷，峡谷两侧的岩石如郦道元所描写的："夹岸崇深，倾岸返捍，巨石临危，若坠复倚。"直泻而下的瀑布"其中水流交冲，素气云浮，往来遥观者，常若雾露沾人，窥深悸魄。其水尚崩浪万寻，悬流千丈，浑洪赑(bì)怒，鼓若山腾，浚波颓迭，迄于下口"。

照片6-6 壶口瀑布跌水以下的深深下切的河槽，河水奔流而下。

照片6-7 河南省焦作市云台山大峡谷。

照片6-8 云台山大峡谷，碧溪翠崖相辉映。

第一章

坎坷勤奋一生和不朽著作

一、官宦世家奠根基，跌宕坎坷靠自奋

郦道元生于官宦世家。从他的曾祖父开始，就是北魏政权的重臣。可以说，郦氏家族四世与北魏政权的发展、强盛与衰落相伴随。

北魏朝是由鲜卑族的一支，即拓跋鲜卑建立的王朝。鲜卑族原先是游牧于呼伦贝尔和大兴安岭地区的游牧民族，后来逐渐强大，控制了蒙古高原，成为我国北方最强盛的一个游牧民族。随着势力的壮大，鲜卑族越过阴山，逐渐向南发展。在西晋末年，由于西晋王朝的内讧，北方和西北地区的游牧民族趁机向中原地区迁徙，在我国北方地区先后出现了许多短命的政权，史称五胡十六国。这一时期，鲜卑族的一支拓跋鲜卑来到晋西北地区游牧。最初其势力还较弱，控制的地域范围还较小，只是控制今内蒙古呼和浩特市南面的和林格尔及其周围地区，在这里兴建都城，称为盛乐。

到了北魏太祖道武帝（拓跋珪）时期，这个北魏最有作为的三个帝王之一，他重用汉人知识分子，实行爱民政策，其力量得以壮大，控制的地域范围逐渐扩大，从原先只是河套地区东部的局部范围逐步扩展，向东达到西辽河流域，向南达到华北地区，并于天兴元年（398年）将其都城从盛乐迁移到平城（今大同市所在）。道武帝又率领他的军队在华北地区以摧枯拉朽之势将原先占据华北地区的鲜卑族慕容氏建立的后燕政权打垮。北魏道武帝皇兴元年（公元396年），时任后燕政权濮阳太守的郦道元曾祖父郦绍和驻守在河北平原的其他后燕政权的地方官员都纷纷投降北魏。郦绍脱离后燕投靠北魏的这一举措是正确的选择，因北魏政权当时正处在上升阶段，对推动北方的统一和社会与经济的发展具有积极意义。这一选择对后来郦氏家族的官宦生涯，具有重要意义。郦绍投

靠北魏政权后，得到重用，北魏道武帝封郦绍为兖州监军。从此，开始了郦氏家族在北魏政权中长达130多年担任重要官职的历史，直到北魏灭亡。

在郦绍之后，郦道元的祖父郦嵩任北魏政权的天水郡太守。天水郡是一个很重要的地方，天水郡太守也是控扼一方的大吏。到郦道元的父亲郦范的时候，其在北魏政权中的地位步步高升，甚为显赫。郦范为北魏政权的五朝元老，他连续在北魏五个皇帝之下担任高官。这五个帝王是：世祖太武帝、恭宗景穆帝、高宗文成帝、显祖献文帝和高祖孝文帝。不过中间的三位帝王寿命都很短。其中在北魏王朝发展中起作用最大的是世祖太武帝和高祖孝文帝。世祖太武帝（拓跋焘）在位期间，北魏的疆域范围大大扩展。在西面，将鄂尔多斯高原、黄土高原、河西走廊地区和今青海省东部都纳入北魏政权统辖之下，其疆域向南到淮河以南，把黄河流域、海河流域和淮河流域的广大地区都并入北魏的版图。在太武帝时期，郦范曾任过给事东宫，即给太子当教师爷，太子即后来的高宗文成帝。郦范还执掌过朝廷的礼仪要职。后来，他为北魏攻占齐鲁地区出谋划策，作出贡献，被委任为青州刺史。当时青州是山东半岛的政治中心，其在北魏政权的地位非常重要。北魏占领齐鲁地区的初期，这里是北魏政权的前沿地带，其南面受到来自南朝的威胁，东面受到来自海上海盗的侵扰。因此，郦范被委任为青州刺史，实在是一个很重要的任命。

后来高祖孝文帝（拓跋宏）在位，对郦范更为信任。郦范又二任青州刺史。在其二任青州刺史期间，他的一个下属为了取代他，诬告他私通海寇。但孝文帝下达诏文，将有人诬告他一事告诉了郦范，并告诉郦范此事已经查验，纯属诬陷，已将诬陷他的人予以处分，要郦范放心[①]。可见，郦范在北魏政权中所受信任的程度，也表明郦范是一个尽忠职守的官员。孝文帝对郦道元父亲郦范的信任和器重，后来必然使郦道元也受惠。

---

① 《魏书·郦范传》。

郦道元就是出生在这样一个家庭。这样一个世代官宦的家庭，无疑使郦道元从小就受到很好的家庭教育。而且，从他曾祖父到他父亲都曾担任过许多地方的主管一方的大吏，因此，积累了有关各个地方的地理书籍和相关知识，这些可能都会影响到郦道元后来关注各个地区的地理，包括自然地理与人文地理，特别是河流等地理情况。

有关郦道元的生平，历史文献记载很少。郦道元的生年史无记载，学者们有多种说法。根据我国著名郦学家浙江大学陈桥驿教授的研究，郦道元可能生于公元472年，即北魏孝文帝拓跋宏延兴二年[①]。

郦道元虽然很幸运地出生在一个官宦世家，但他又是很不幸的。他在不到20岁的时候，其父便去世。他在如此年轻的时候就继承了其父的封爵并步入仕途。虽然他的家庭背景使他在步入仕途的开始就具有一定的优越地位，有较高的起点，但他后来的人生道路完全是靠他自己去奋斗和努力，并经历诸多坎坷与不幸。

记载北魏王朝历史的《魏书》把郦道元归在"酷吏"之列。但实际上，根据对相关史料的发掘和解读，表明郦道元是一个清正爱民的官员，他只是对那些贪官污吏和坏人采取严厉的措施，因而遭到那些贪官污吏的嫉恨，在史书中受到不公正的评价。

郦道元虽然有官宦世家的家庭背景，但因他的父亲早逝，使他在很年轻的时候便需要靠自己的努力而立于社会。

郦道元以勤奋好学而著称。就连对他有偏见的《魏书》作者，对他的勤奋也是倍加称赞的，称"道元好学，历览奇书"[②]。正是这种勤奋好学的品格，对他一生的志向和撰注不朽的伟大著作《水经注》起着重要作用。

郦道元最初步入仕途，即在孝文帝身边担任重要职务。据《水经注》卷三记载："余以太和十八年，从高祖北巡，届于阴山之讲武台。"他随高祖孝文帝北巡，不是作为孝文帝的一般随员或卫士之类勤

---

①陈桥驿，《郦道元评传》，南京大学出版社，1994年，30页。
②《魏书·郦道元传》。

杂人员。又据《水经注》卷三记载："余以太和中为尚书郎，从高祖北巡。"这两处的记载应是指同一次随高祖孝文帝北巡。又据《魏书·郦道元传》，其职务全称为尚书主客郎，此职是为皇帝充当秘书和起草文件等工作。太和十八年（公元494年），当时郦道元可能只有22岁，如此年轻就能作为孝文帝的秘书和起草文书的随行人员，反映郦道元在很年轻时就已表现出了非凡的才能。而年轻的郦道元能在孝文帝身边担任如此重要的职务，也是与孝文帝善于识才和用才有关。孝文帝作为游牧民族的统治者能如此重用一个汉族青年，在整个中国历史上也是很不寻常的。

　　孝文帝拓跋宏是北魏的又一位有雄才大略和有远大抱负的帝王。他的抱负是统一全中国。为此，他采取了一系列重大措施。一方面，他力排鲜卑族高层统治者中强大的反对意见，于太和十七年（公元493年）九月，作出将都城从平城（位于今大同市）迁移到洛阳的重大决定，又于同年十月派人建造洛阳城，于太和十九年（495年）九月，将"六宫及文武尽迁洛阳"。从此，洛阳成为北魏的都城。他在如此短的时间内实现了迁都的大计，可见他决策之果断和魄力之大。另一方面，他又大量吸收中原文化和儒家文化，进一步依赖汉族知识分子来管理国家，大力推行汉化，如规定大臣们在上朝时禁止用鲜卑语，只能用汉语，还把拓跋氏一姓改姓为元。故此，孝文帝的本名拓跋宏又被称为元宏。其他拓跋氏鲜卑族也都一律改姓元。由此可见，其推行汉化政策的坚决程度和力度之大。孝文帝的汉化政策与战国时期赵武灵王推行的"胡服骑射"，在中国历史上是游牧民族和农业民族之间文化互相融合的典型事例。但赵武灵王推行的是农业民族向游牧民族学习的政策，而孝文帝推行的是游牧民族向汉族学习的政策。二者推行的政策虽然方向相反，但对于中华民族文化融合和文化的发展所起的作用却是异曲同工，因此，在中国历史上是备受称颂的。孝文帝时期，北魏的疆土达到最大：东北到辽西，东到黄海和渤海之滨，南抵淮河以南，西南抵汉水上游的汉中地区和川北地区，西面达青海湖、塔里木盆地东部和哈密地区，北面达阴山以北的蒙古高原。

到孝文帝时，郦氏家族在北魏朝经历了太祖道武帝、太宗明元帝、世祖太武帝、高宗文成帝、显祖献文帝和高祖孝文帝六代帝王，历经百年，而一直官居要位。正是由于这样的家庭背景，使郦道元年轻时就跻身于孝文帝的左右，是孝文帝重用汉族文人的一个典型事例。但另一方面，年仅20多岁的郦道元能身处如此高的职位，也表明年轻时郦道元的文笔就很好，而且处理事情很能干，深得孝文帝的赏识。

实际上，孝文帝不但有抱负，而且年轻。太和十八年，孝文帝只有28岁，仅比郦道元大6岁左右。虽然孝文帝身处帝王之尊，但年龄的相近可能使两人有较多的共同语言和交流。孝文帝的思想和他的远大抱负对跟随在他左右的年轻的郦道元来说，无疑有很大影响。特别是孝文帝从太和十七年后，每年都要到各地作远距离的巡查甚至征讨。其中，太和十七年（公元493年）从平城（位于今大同市）出发南巡，大致经过今代县、忻州、太原，然后可能经晋东南的长治，到洛阳，然后又经太行山东侧向北，经今新乡市、卫辉市，向北到位于今邯郸南面的邺城。在邺城度过春节，然后又到洛阳。第二年，即太和十八年，从洛阳出发，穿越太行山，经雁门关，于阴历二月回到平城。孝文帝的此次南巡，郦道元很可能作为随从人员同行。该年阴历七月和八月，孝文帝又从平城出发北巡，到呼和浩特所在的河套地区和阴山以北地区巡查。该年十月，又南巡，经河北省中山、信都、邺城、卫辉，于十一月到洛阳。太和十九年（公元495年）正月，孝文帝南巡，大致经今许昌、漯河、驻马店，沿汝河到淮河，渡淮河到安徽寿县的八公山，然后向东北，经苏北的下邳到徐州，再向北到曲阜，在此祭孔。然后到豫北的滑县，再到邺城，五月回到洛阳。太和二十年（公元496年），孝文帝在洛阳周围巡查，如登嵩山等。太和二十一年正月从洛阳出发北巡，经太原，向北沿汾河河谷到平城，再向北到河套地区，然后向南，沿吕梁山西侧，经离石，再到平阳（今临汾），在此祭祀尧庙。再由此到位于今河津县的龙门，然后沿黄河向南到山西省最西南端的蒲阪（今永济县西南），在此祭祀大禹和舜。然后由此渡黄河到长安。在长安，孝文帝对秦汉建筑遗址进行广泛巡查，其中包括巡查秦阿房宫和汉代开凿的昆明池等，然后于六月回到洛阳。八月，又率大军南征，攻打南阳、新野等地，一直打到汉水①。孝文帝的这几次活动，可能都有郦道元伴随在左右。

孝文帝频繁地巡察各地，对于增广郦道元的见闻，开阔他的地理视野，并使他立下撰写《水经注》的抱负，可能起了很大作用。

此外，孝文帝还非常重视水利建设。太和十三年（公元489年），孝文帝颁布诏令，"诏六镇、云中、河西及关内六郡，各修水田，通渠灌溉。"②文中的"六镇"是包括北魏时期设在今宁夏，以及沿今内蒙河套地区阴山北侧和滦河上游的6个镇；"云中"位于今呼和浩特地区。这些地区气候都较干旱，灌溉是很重要的。太和二十年八月，在洛阳开凿自洛水到谷水的水利工程，孝文帝亲自去观看。这些举措，表明孝文帝对水利的重视。太和二十三年正月，孝文帝以带病之躯，专门从洛阳到邺城去拜谒西门豹祠。西门豹是战国时期人，在治理漳河河患铲除地方贪官和巫神为民除害等方面，卓有政绩，历史上备受称颂。在拜谒西门豹祠后不久孝文帝去世，说明他在拜谒西门豹祠时，已是病入膏肓，可是就是在这种情况下他还从洛阳亲自到邺城去拜谒足证他对水利的重视。这对于郦道元重视水利，并撰注《水经注》一书也会有很大影响。

可惜孝文帝是一位短命的帝王，英年早逝，太和二十三年他去世时只有33岁。孝文帝去世后，北魏政权由鼎盛而走向衰落。

孝文帝之后的北魏后期几代帝王，都很短命，这就造成了皇后掌权或太后掌权的局面。而在魏明帝时期，魏明帝年纪很小便继承王位，他的母亲胡太后（又称灵太后）掌权。胡太后不仅专权，而且淫乱，在中国历史上也是少有的。因此，北魏末年朝政极为腐败。其间，有几个正

---

① 《魏书·孝文帝纪》。
② 同上。

直的大臣曾策划将胡太后软禁，但不久被几个奸臣策划将胡太后解除软禁，使其复辟掌权。此后，朝政更加腐败。在这种情况下，像郦道元这样清廉正直的官员无疑便受到排挤。虽然他执法严正，但仅靠他个人的力量是不能挽救北魏王朝这个即将倾倒的大厦的，只能成为这个极度腐败政权的牺牲品。

郦道元勤奋好学、博览群书，为当时朝中大臣们所推崇。如后来在肃宗孝明帝时期，北魏朝廷要将今宁夏和内蒙古河套地区及滦河上游的一些军镇由军事管辖系统改为行政管辖系统，这样就需设置一些行政区域，这就需要对这些将要设置的行政区域进行命名。但如何命名，却是一个很大的问题。对这些将要设置的行政区域的命名并不是任何人都能胜任的，需要了解这些地方以前的古地名，按古地名来对这些重新改置的行政区域进行命名。由于郦道元在历史地理方面的渊博知识在当时已为北魏朝廷中从帝王到大臣们所普遍公认，于是，孝明帝专门委派郦道元去完成此项任务。虽然后来因这些军镇的叛乱，郦道元无果而返，但此次西北和北方之行为他提供了一次对西北和北方地区考察的机会。

郦道元一生在北魏政权中担任许多职务，先是任尚书主客郎，又担任过太傅掾（yuàn），太傅掾也是一个为皇帝起草文书和诏令的官职。由于他"秉法清勤"，后由御史中尉（这是掌管官员升降调遣的官职）李彪推荐，任治书侍御史。治书侍御史是朝廷中掌管图书的收集和管理的官职。担任此职使郦道元有机会接触到大量的图书，其中包括各种地理著作。这可能为他后来撰注《水经注》奠定了一定基础。但不久，于太和十九年，因李彪受到弹劾（李彪为人尖刻，得罪很多同僚而被弹劾），郦道元受到牵连。实际上，郦道元是无辜的。后来他又多次获得升迁。

郦道元后来出任过许多主管一方的地方行政长官，其中有冀州镇东府长史、颍川太守、鲁阳太守、东荆州刺史等职。在担任东荆州刺史期间，因那里的"蛮民"告他"刻峻"，又被罢官。此次被罢官，可能也是被诬告而蒙受冤屈。过了很久,郦道元又被任命为河南尹。他又在朝廷中担任过黄门侍郎、侍中兼摄行台尚书、辅国将军、御史中尉等要职,还多次被临时委派为特派员或钦差之类的重要职务,到一些地方处理重要事务。如被委派到青州、到淮河下游等地处理重要事务,还曾为北方六镇的军事建制改制为行政建制进行调研等。

郦道元虽然也曾官居要职,但他的仕途颇为坎坷,其中有的官职可能是棘手的位子,如东荆州刺史,该地区被纳入北魏政权版图较晚,该地的社会和文化与北方地区有一定的差异,被称为"蛮民",因此,对该地区的管理可能有一定难度。郦道元担任该州的最高行政官员,可能采取了较为严厉的措施,得罪了一批豪绅,而被诬告。他后来担任的御史中尉,这是个掌管各级官员升降调遣和对官员进行稽查监督的职位。由于郦道元清廉严正的秉性,执法严正,得罪了很多权贵,特别是那些享有特权的王室成员对他恨之入骨,欲置他于死地而后快。

后来,嫉恨郦道元的权贵者报复他的机会终于来了。控制着关中地区的北魏雍州刺史萧宝夤欲反叛(萧宝夤由南朝投降到北魏政权),其反状已稍有暴露。另一位王室成员,一直嫉恨郦道元的元徽,也是朝廷中要员,担任侍中的要职,又被封为城阳王,借此机会向胡太后建议,派遣郦道元为关右大使,去萧宝夤那里了解情况,处置即将反叛的萧宝夤。很显然,这是一个极为危险的使命。萧宝夤考虑到郦道元到来后将会对他不利,于是派遣其一个下属将领率军队将郦道元围困在潼关的一个岗地上。因岗上无水,被围后,在岗上"穿井十余丈不得水",最后,"水尽力屈,贼遂逾墙而入。"①公元527年,郦道元和他的弟弟及两个儿子一起,被叛将萧宝夤杀害。郦道元的结局实际上是被排挤陷害而导致的悲剧。

郦道元被害,在临终前还怒目痛骂叛乱分子,表现出大义凛然的气概。对于郦道元的人品以及他对北魏王朝的贡献,即使有意排挤他的

---

① 《北史·郦道元传》。

北魏朝廷最核心的决策者们也不得不予以承认，并追赠郦道元为吏部尚书、冀州刺史、安定县男。郦道元遇害时为孝昌三年（527），时年大致只有55岁，正当年富力强，实在是很悲壮的人生结局。如果历史再给他若干年的生命，他可能会将《水经注》一书修改得更好，也可能撰写出另一部精彩著作。

二、执法严正惩贪官，爱憎分明重民生

郦道元一生，在担任北魏王朝中央和地方的许多官职中，为官清廉严正。甚至对他有偏见的《魏书》也称他"道元秉法清勤"。他对贪官污吏从不手软，必严加惩治。贪官污吏和权贵们都很怕他。《魏书·郦道元传》称"道元素有严猛之称，权豪始颇惮之"。一个最典型的事例就是他对贪官丘念的处置。丘念是一个恶贯满盈的坏人，他与魏明帝的弟弟元悦的关系极为密切。元悦在许多问题上对丘念言听计从，特别是在选用地方官时，多听从丘念的意见。显然，丘念操纵了对地方官员的任免，从中受贿。此时正值郦道元任御史中尉之职，这是主管监察各级官员的官职。丘念因作恶多端，为躲避郦道元抓捕，便躲在元悦的府邸中，很少出来，想依靠皇帝的弟弟这棵大树得到保护。丘念有一次偷偷地跑回家，被郦道元侦查到，于是郦道元立即采取行动将其逮捕。元悦向其母亲胡太后求情保丘念，胡太后下令赦免丘念。但郦道元却将丘念杀掉，并弹劾元悦。当时正是胡太后掌权之时。因此，胡太后、元悦等人便记恨郦道元，为他后来悲剧的人生结局埋下了伏笔。

郦道元在任职地方官时，治理有方。一方面，他执法严正，如他任冀州镇东府长史之职的三年期间，"为政严酷，吏人畏之，奸盗逃于他境"。如果说贪官污吏都害怕郦道元，奸盗等坏人因害怕郦道元而逃于

他境，正说明郦道元执法严正，给一方带来平安。显然，《魏书·郦道元传》将其归为"酷吏"，是不公正的。另一方面，郦道元任地方官期间，提倡教育，用教育的方式来提高人们的素质，使地方得以平安。如他在担任鲁阳太守时，"崇劝学教"，倡导教育。该地原来是所谓"蛮人"之地，教育落后，经郦道元在此倡导教育后，"山蛮伏其威名，不敢为寇。"①鲁阳位于今河南省驻马店市西面，汝河上游的豫西山地中，文化与教育落后是可以想见的。郦道元的为政，即使用今天的标准来衡量，也应是一位好官。

郦道元有鲜明的善恶爱憎观。他对于贪官污吏很痛恨，而对施行德政爱民的官员给予颂扬。他的这种善恶观，在《水经注》中有充分的表露。《水经注》中对那些给百姓带来好处的好官大加赞颂的例子很多。如卷二十二《洧水》对汉代密县令卓茂的德政大加赞颂："（卓茂）任汉黄门郎，迁密令，举善而教，口无恶言，教化大行，道不拾遗，蝗不入境。"②再如卷二十二《渠水》赞颂汉代中牟县令鲁恭的德政："（鲁恭）政专德化，不任刑罚，吏民敬信，蝗不入境。"郦道元又赞扬鲁恭被提拔到皇帝身边担任要职后，常陪同皇帝外出巡查，皇帝每问及民情，他都向皇帝讲实话，不隐瞒真情："车驾每出，恭常配乘。上顾问民政，无多隐讳。故能遗爱自古，祠响来今矣。"鲁恭深受人民敬爱，人们建祠纪念他，一直沿袭下来。

洛阳令祝良曝身为民求雨之举也受到郦道元的赞颂："《长沙耆旧传》云：祝良，字召卿，为洛阳令，岁时亢旱，天子祈雨不得，良乃曝身阶庭，自晨至午，紫云沓起，甘雨登降。人为歌曰：天久不雨，烝（zhēng）人失所。天王自出，祝令特苦。精符感应，滂沱雨下。"（卷十五《洛水》）

巨鹿县东面漳水岸边的铜马祠，是为纪念建安三年巨鹿太守张导

---

① 《北史·郦道元传》。

② 本书所引《水经注》原文，版本均为杨守敬、熊会贞疏，段熙忠点校，陈桥驿复校《水经注疏》，江苏古籍出版社，1989年版。后续引据，不再一一注明。

与其下属主持治理漳河洪水灾害而建。郦道元对张导兴修水利，疏通河道，消除漳河泛滥造成的不良环境后果，为人民造福之举大加赞颂："张导，字景明，以建安三年为巨鹿太守，漳津泛滥，土不稼穑。"记载张导与其属下按照地图，遵循原来水路，"修防排通，以正水路，功绩有成，民用嘉赖。"（卷十《浊漳水》）

徐州古代的徐国国王徐偃王是一位爱民的国君。当楚国来攻打徐国时，为了避免伤及无辜，徐偃王宁愿亡国，也不与之战斗。郦道元也是用赞颂的语气来记载此事："偃王治国，仁义著闻……自称徐偃王，江淮诸侯服从者三十六国。周王闻之，遣使至楚，令伐之。偃王爱民，不斗，徐遂为楚败。北走彭城武原县东山下，百姓随者万数，因名其山为徐山。山上立石室庙，有神灵，民人请祷焉。依文即事，似有符验，但世代绵远，难以详矣。今徐城外有徐君墓。"（卷八《济水二》）

位于淇水和黄河之间的朝歌，是一个"土崄多寇"之地。汉代时派虞诩（xǔ）到这里任主管该地的官员，朋友都劝他不要去，因为这里难以治理，但虞诩坚持要去。他认为："不遇盘根错节，何以别利器乎？"（卷九《淇水》）其大意是，不到这种问题错综复杂的地方，怎么能显示出我的本事呢？郦道元对虞诩的这种精神很欣赏。

晋代襄阳太守邓遐到汉水中斩杀蛟龙为民除害的故事，郦道元也以赞颂的语气予以记述："（襄阳）城北枕沔水，水中常苦蛟害。襄阳太守邓遐，负其气果，拔剑入水，蛟绕其足，遐挥剑斩蛟，流血丹水，自后患除，无复蛟难矣。"（卷二十八《沔水中》）沔水即汉水，流经襄阳城。

东汉慎阳县县长刘陶治理该县有方，他因病离职，百姓思念，郦道元为之感慨："（淮水）又东径慎阳县故城南……颍阴刘陶为县长，政化大行，道不拾遗，以病去官。童谣歌曰：恫然不乐，思我刘君；何时复来，安此下民？见思如此。应劭曰：慎水所出，东北入淮。"（卷三十《淮水》）东汉慎阳故城位于今河南省信阳市东、息县西的淮河之南。

"合浦珠还"的故事说的是位于广西北海的合浦以前产珍珠，由于这里官员滥收苛捐杂税，以致珍珠竟因此而离开合浦。后来孟伯周来此任地方官，实行仁政，于是珍珠又回来。郦道元将此故事予以记载，在他的笔下流露出对关心人民疾苦官员的赞颂："郁水又东径高要县，牢水注之。水南出交州合浦郡，治合浦县……郡不产谷，多采珠宝。前政烦苛，珠徙交趾。会稽孟伯周为守，有惠化，去珠复还。"（卷三十六《郁水》）郁水即今天珠江西支发源于云南流经广西最后在广州入海的西江。

郦道元对晋代位于今广东的含洭县县令张鲂的善政予以赞颂："洭水又径含洭县西。王歆之《始兴记》曰：县有白鹿城，城南有白鹿岗。咸康中，郡民张鲂为县，有善政，白鹿来游，故城及岗并即名焉。"（卷三十九《洭水》）白鹿岗在今广东省英德县境。"咸康中"是指晋武帝司马炎在位时的咸宁和太康两个年号期间（公元275—289年）。

郦道元还对那些重视水利、兴修水利带给人们好处的官员予以盛赞。如赞颂汉代两位官员修建南昌东大湖水利为民兴利除害："东大湖十里二百二十六步，北与城齐。南缘回折至南塘，本通大江，增减与江水同。汉永元（公元89—104年）中，太守张躬筑塘以通南路，兼遏此水。冬夏不增减，水至清深，鱼甚肥美。每于夏月，江水溢塘而过，居民多被水害。至宋景平元年（公元423年），太守蔡君西起堤，开塘为水门，水盛则闭之，内多则洩之。自是居民少患矣。"（卷三十九《赣水》）文中的"大江"指的是赣江。

汉代渔阳太守张堪倡导种植水稻，给人民带来好处，民富国安。郦道元借童谣来加以赞颂："沽水西南流，径狐奴山西，又南径狐奴县故城西。渔阳太守张堪于县开稻田，教民种殖，百姓得以殷富。童谣歌曰：桑无附枝，麦秀两岐，张君为政，乐不可支。视事八年，匈奴不敢犯塞。"（卷十四《沽河》）沽水即今天北京市潮白河支流白河，狐奴县位于今北京东北部的顺义区北部。

郦道元对那些劳民害民工程持鲜明的反对态度。卷六《汾水》记载东汉永平年间，朝廷欲利用滹沱河和汾河联运，将华北平原的粮食运到太原，再经汾阳县北山运往晋西北和陕北。这项工程要翻越多处险隘和山岭，是一项劳民害民的工程，"苦役连年，转运所经凡三百八十九隘，死者无算"。后来委派邓训来监护该工程。邓训认为此项工程难以成功，将实情禀告肃宗。肃宗同意免除此项工程，"全活数千人"。郦道元在笔下流露出他对这项劳民伤财工程的批判和反对的态度，表达了对邓训的赞扬，并对后人提出警示。

济水流过酸枣县故城，城西有韩王望气台。该台规模宏伟，韩王作为一个小国的国君，建造这样一个高台完全是为了摆阔气装门面，是一个形象工程。郦道元引用孙子荆的《故台赋叙》对该项劳民工程进行鞭笞："（酸枣）城西有韩王望气台，孙子荆《故台赋叙》曰：酸枣县门外，夹道左右有两故台。访之故老云，韩王听讼观台。高十五仞，虽楼榭泯灭，然广基似于山岳，召公大贤，犹舍甘棠，区区小国，而台观隆崇，骄盈于世，以鉴来今，故作赋曰：蔑丘陵之逦迤，亚五岳之嵯峨，言壮观也。"（《卷八《济水二》）

郦道元在他的笔下流露出对那些贪官污吏的痛恨和批判。卷三十一《滍水》对东汉末年权倾朝野的宦官州苞及其豪华墓葬进行抨击。州苞为人名，东汉末年的宦官；滍水为汝河支流，今称沙河，发源于豫西平顶山市之西。州苞历经"六帝四后"，权倾朝野，贪赃枉法，甚至操控大臣们的生死命运。郦道元抨击他"割剥公私，以事生死"。郦道元还认为州苞愚蠢之极，指出，苞墓不如尽快朽坏，其墓石存在时间越长，越是暴露其耻辱的历史。卷二十二《洧水》中，对汉代弘农太守张伯雅墓葬的豪奢进行批判，认为其墓周围的石人、石兽以及石庙和石楼等豪奢建筑有如浮云。同时他又称赞汉代的杨王孙裸葬和晋代的皇甫谧（字士安）用简单的竹编来包裹尸体的丧葬方式。

郦道元对曹操屠杀无辜平民百姓的行为非常痛恨。曹操于初平四年（公元193年）攻下徐州及周围数县。因其父在这里避难被害，便对这里的百姓进行屠杀。郦道元称之为暴行："初平四年，曹操攻徐州，破之，拔取虑、睢陵、夏邱等县，以其父避难，被害于此，屠其男女十万，泗水

为之不流，自是数县人无行迹，亦为暴矣。"（卷二十五《泗水》）

总之，郦道元是一位严正清明、爱民和关注民生的官员，他的人品与治学精神，是成就他成为一位伟大的地理学家，成就他撰写千古不朽的伟大著作《水经注》的前提。

三、读万卷书行万里路，科考探险第一人

郦道元一生，可以说是读万卷书、行万里路。他读过大量书籍。据陈桥驿先生的研究和统计，郦道元在《水经注》一书中所征引的书籍多达480种，此外还引用357种碑铭①。这些书包括《经》《史》《子》《集》各大类。其中尤其是诸如《山海经》《禹贡》《诗经》《周易》《礼记》孔孟著作以及战国时期诸子百家著作，《春秋》《左传》《公羊传》《谷梁传》《国语》《史记》《汉书》等历史著作，以及《晋书地道记》《十三州志》《魏土地记》等大量地理著作，还阅读了诸如晋代末年高僧法显的《佛国记》，北朝时期高僧释道安的《西域志》，以及北魏杨炫之的《洛阳伽蓝记》等佛教高僧的著作和有关佛教的著作。他还阅读了东汉郑玄、晋代应劭、郭璞等人对以前的经典著作所作的注释，以及阅读了晋代皇甫谧（皇甫士安）所撰著的《帝王世纪》，南朝文人的地理著作和山水文学著作等。此外，他还阅读各种神话书籍等。这些书中的内容包括历史事件、历史人物和历史典故等，郦道元都能极为娴熟地予以引用，可以说达到随手拈来的程度，表明他在阅读这些文献时用功之深。即使在今天电脑等工具极为普及，通过互联网进行检索获取信息极为方便的情况下，要做到对如此众多文献得心应手地引用，

---

①陈桥驿，《郦道元评传》，南京大学出版社，1994年，110~111页。

也非易事。清末民国时期的学者杨守敬在《水经注疏》一书中,多处将郦道元在注文中的广征博引称之为"炫博",这是对郦道元很不公正的贬低。郦道元在《水经注》中的广征博引,应予以肯定,正是他的广征博引才保存了今天已不存在的许多古代文献中的各种信息,使《水经注》一书具有极高的价值。

郦道元很重视实地考察和调查。北魏政权统辖下的北方大部分地区,都留下了郦道元的足迹。他去过北方的许多名山大川,但他不是去游山玩水,而是有目的地进行地理考察。郦道元每次工作调遣,或因公外出,他都充分利用这些机会,对所经沿途的地理和历史等进行调查访问。《水经注》中的很多内容,就是他在因公去外地或工作调遣的旅途中收集的。

我国古代虽然有许多名人有过广泛游历之举,如孔子游历了黄河下游几个小国,号称周游列国;司马迁也游历过广大地区,他的足迹西至崆峒(崆峒山位于今甘肃平凉和宁夏固原接壤地带),北至河套地区及燕赵大地,东登泰山,去临淄、曲阜,南登庐山,上会稽,溯湘江而上,西南至川滇。但孔子虽然有"登泰山而小天下"的感慨,也观看过泱泱大河黄河,考察了一些自然景观,但他主要还是考察各地的历史、社会及人文。司马迁虽然也考察各地的自然环境,但主要还是考察各地的历史文化和人文。我国古代传说的治水英雄大禹,也考察过很多地方。据《尚书·禹贡》一书的记载,他对黄河、济水、淮河和长江四大河流及其众多支流进行考察。但他的考察主要是沿各条大河考察河道,即所谓"导河",并没有进行多要素的地理考察。实际上,大禹对这些河流的考察可能只是传说。或者,大禹确有其人,大禹考察河流和大禹治水的故事也确有其事,但未必考察过如此多的河流,可能是后人将他的考察活动和治水活动有所夸大。根据大禹所处的历史时代,是不可能对四大河流及众多支流进行广泛考察的。

然而,郦道元对北方广大地区进行的考察,则是实实在在的考察,是真实的历史事实。

郦道元的考察是多视角的，多要素的考察。他不仅考察河流本身，包括河流的流路、河流水文等，还考察其他水体，包括湖泊、泉等水体的水文，还考察流域的地貌、植被，以及流域的人文、历史和文化。

例如，郦道元对汾河源头的考察，对地貌、源头的水文的变化，包括水流如何由泉水形成细流，再由细流汇合了两条溪流，即东西温溪，然后水量逐渐增多，形成洪波泛流的湍急河流这一水文变化过程，以及对汾河源头植被等都进行详细考察："（汾河发源于管涔山）其山重阜修岩，有草无木，泉源导于南麓之下，盖稚水濛流耳。又西南夹岸连山，联峰接势。"然后汇合源头的两条溪流，东、西温溪："汾水又南，与东、西温溪合，水出左右近溪，声流翼注，水上杂树交荫，云垂烟接。自是水流潭涨，波裹转泛。"（卷六《汾水》）如此详细的描绘，有如一幅对汾河源头的细致素描展现在人们面前，即使没有去过汾河源头的人们读了这段描述，也可对这里的地理环境了如指掌。在《水经注》中，如此详细的考察和描述还有很多。

再如，郦道元对滍水源头的水文情况考察得非常详细，包括温泉数量、水温等都详加记述："（滍水）又东，温泉水注之。水出北山阜，七泉奇发，炎热特甚……汤侧又有寒泉焉。地势不殊，而炎凉异致，虽隆火盛日，肃若冰谷矣。浑流同溪，南注滍水。又东径胡木山，东流又会温泉口。水出北山阜，炎势奇毒……汤侧有石铭云：皇女汤，可以疗万疾者也。"（卷三十一《滍水》）滍水发源于今河南省南阳地区鲁山县尧山。这里的泉水很特殊，前两个泉水相互距离很近，但一个炎热特甚，另一个却冰冷异常，虽盛夏酷暑，有如冰谷。在这两个泉不远，又有一个皇女泉，可以治疗多种疾病。如此详细地观察和记述，应该说，郦道元是在进行真正科学意义上的考察。

再如他考察发源于湖北随州境大洪山的涢（yún）水源头的山体、溶洞以及水文："涢水出县东南大洪山，山在隋郡之西南，竟陵之东北，槃基所跨，广圆一百余里。峰曰悬钩，处平原众阜之中，为诸岭之秀。山下有石门，夹部层峻，岩高皆数百许仞。入石门，又得钟乳穴。穴上素崖壁立，非人迹所及。穴中多钟乳，凝膏下垂，望齐冰雪。微津细液，滴沥不断。幽穴潜远，行者不极穷深，而穴内常有风势，火无能以经久故也。涢水出于其阴，初流浅狭，远乃宽广，可以浮舟枻巨川矣。"（卷三十一《涢水》）这段文字把涢水源头的大洪山山体的范围、地势、形态特点、溶洞的特点、溶洞中的水流，以及流出溶洞后水流由细弱逐渐变得宽大的巨川，能航行船和木筏等诸方面都进行了详细的记述。其所描述之详细，表达之清楚，即使今天的地理学专业工作者也未必能做到。郦道元的记述就好像一幅地理素描，展现在读者的眼前。他野外考察的观察能力和表达能力，仍然是值得今天的学子们学习。

恒山位于滱水流域。滱水支流两岭溪源于恒山北侧。郦道元对两岭溪两侧的地貌进行考察，并作了对比："滱水又屈而东，合两岭溪，水出恒山北阜，东北流历两岭间。北岭虽层陵云举，犹不若南岭峭秀。"（卷十一《滱水》）这里描写了两岭溪北侧山体高耸，而南侧山体峭秀，把两岭溪源头南北两侧的地貌特点表述得很清楚。

徐水源头的大岭，又被称为广昌岭，在徐水的源流处还有一山称郎山。郦道元对这两座山的地貌形态描写很详细："世谓之广昌岭。岭高四十余里，二十里中，委折五迴，方得达其上岭，故岭有五迴之名。下望层山，盛若蚁蛭，实兼孤山之称，亦峻竦也。"将广昌岭高耸于群山之上的地貌特征和曲折的山路清楚地表达出来，令人有深刻印象。对郎山地貌形态的描写："徐水屈东北径郎山，又屈径其山南，众岑竞举，若竖鸟翅，立石崭岩，亦如剑杪，极地险之崇峭。"（卷十一《滱水》）这里描绘出郎山的地貌特征是一条山脊，其上耸立许多山峰和突兀的岩石。郦道元对这两座山体描写得如此详细，表明他对这里地貌的考察很仔细。徐水是滱水支流博水的支流。徐水源头位于今河北省保定市易县与满城县。

郦道元还对许多河流从源头进行考察，其中就有对滱水（今称唐

河）的考察。滱水河谷在北魏时期曾是沟通大同地区与华北平原地区的重要交通通道，郦道元可能多次经过滱水河谷地。郦道元从河流源流开始考察的河流还有发源于晋东南的沁水、丹水、清水、淇水，洹水，发源于山西省北部地区的灅水，淮河和淮河支流汝水、颍水，渭河及其支流瓦亭水（今称葫芦河），发源于今固原地区的黄河支流高平川水，又称苦水（今称清水河）。还对今山东省的汶水、泗水和潍水，对发源于燕山山地的濡水（今称滦河），汉水上游和嘉陵江上游等诸多河流的源头或源流进行考察，考察这些河流的源头或源流的地貌、水文、植被，乃至历史和人文都留下了对于今天来说具有极为宝贵价值的记录。

郦道元为了获得第一手资料，还不畏艰险，到许多人烟稀少的荒凉地方去考察。如他到青海东南部的黄河上游考察，路途遥远，地形复杂，高山峡谷，即使以今天的交通条件，去那里考察也非易事，更何况在交通极为不便的古代。郦道元当时考察所要冒的危险和要克服的困难之多，今天是很难想象的。

许多河流或其支流的源头或源流，皆出自高山深谷，地形险峻，水流湍急。郦道元攀登了许多河流源头的高山，穿越了许多峡谷，涉历了许多激流。许多人迹罕到、地形险峻的地方，郦道元都不畏艰险，进行跋涉和攀爬，甚至要攀藤抓葛，或须扳石攀登悬崖峭壁，经历种种艰险，亲自进行考察。《水经注》中对许多北方的高山峡谷的精彩描写，都是郦道元的亲自考察和体验。

如他对清水支流长泉水上游的天门山及源于该山的支流焦泉水进行考察。天门山四面险绝，无路可上，郦道元以扳岩的方式登上山顶去考察："天门山石自空，状若门焉，广三丈，高两匹，深丈余，更无所出，世谓之天门也。东五百余步，中有石穴西向，裁得容人。自平地东南入，径至天井，直上三匹有余，扳蹑而升。至上，平，东西二百步，南北七百步，四面崄绝，无由升陟矣。上有比邱释僧训精舍……"（卷九《清水》）他还考察沁水源流、丹水源流、淇水源流等，这些河流的源头地形都极为险峻。

他走过多处令人头晕目眩的栈道。如介休县西南的冠爵津，河谷狭窄，所谓路，即是架在崖壁上的栈道或在崖壁上开出的狭窄通道："俗谓之雀鼠谷，数十里间，道险隘，水左右悉结偏梁阁道，累石就路，萦带岩侧，或去水一丈，或高五六尺，上戴山阜，下临绝涧，俗谓之鲁般桥，盖通古之津隘矣，亦在今之地崄也。"（卷六《汾水》）

郦道元考察浊漳水上游支流仓石水的源头，山路崎岖艰险，不仅有栈桥，有的地方还在山崖上凿出石蹬来攀登，甚至有的地方还需抓着植物的藤蔓来攀登："漳水又东，径磻阳城北，仓石水入焉。水出林虑县之仓石溪，东北径鲁班门西……北径偏桥东，即林虑之峤岭，抱犊固也。石磴西陉，陟踟修上，五里余，崿路中断，四五丈中，以木为偏桥，劣得通行，亦言故有偏桥之名矣。自上犹须攀萝扪葛，方乃自津山顶，即庾衮眩坠处也。"（卷十《浊漳水》）

郦道元不畏艰险攀登了许多高山，如他攀登过华山、泰山、河南信阳地区的鸡公山、安徽寿县的八公山等山地，并进行多方位考察。对这些地方的地貌、水文，乃至人文进行考察，并作了精彩的描述。

郦道元对华北平原等平原地区也进行了广泛考察，虽然平原地区一般不存在危险，但许多河流的源头在山区，要观察山区复杂多样的自然环境，包括地貌、水文乃至植被等多个地理要素，还是要冒很大危险。因此，他对这些地区的考察已具有科考探险的性质。郦道元在践行中华传统文化的"读万卷书，行万里路"方面是杰出的代表，这种不畏艰险进行科学探险和探索的精神，今天仍值得人们学习。

郦道元可以说是我国历史上进行科考探险第一人。

四、继承传统又创新，撰注千古不朽作

我国位于欧亚大陆东部，地处中纬度，属于季风气候区。中华民族先民在这样的地理环境条件下以他们的聪明智慧创造了灿烂的中华文明。古老的中华文明是农业文明。我国的地理环境给农业文明的产生提供了良好的环境条件。同时，季风气候的特点是降水在一年的各个季节分配不均匀，大部分降水集中在夏秋季节。多洪水，降水的年际变化也非常大，因此，水旱灾害频繁。洪水和干旱对农业生产都很不利，因此，兴办水利防洪和灌溉在中华文明的形成与发展中一直都占有重要地位。水在中华民族传统文化中占有重要地位。关于水的重要性，在我国古代就已有深刻认识。如早在《周易》中就指出"天以一生水"，古代另一部著作《玄中记》则认为："天下之多者，水也，浮天载地，高下无不至，万物无不润。"① 这是我国最早从哲学高度上对水在自然界中的地位和作用进行概括。古代这些认识和今天对水在自然界中的地位的认识基本一致，所表达的也是水是自然界中最活跃、最基本的因素，万物生长离不开水，水是生命之源等观念。在我国古代，把传说中的治理洪水的大禹视为最伟大的英雄。在我国古代的重要著作中，也都把河流以及河流的治理和水利工程的兴建放在重要地位。此外，河流在古代是重要的交通运输通道。因此，我国古代地理著作乃至正史，都把河流与治水作为重要的内容予以记载。其中有《山海经》《禹贡》《史记·河渠书》《汉书·沟洫志》和《水经》等。其中《水经》是完全以河流为记述对象，把河流作为自然界中的主体进行记载。《水经》是在《山海经》《禹贡》《汉书·地理志》的基础上对自然界认识的一个重大进步。郦道元接受和继承了这些思想，而且还加以发展。

《水经注》一书是郦道元在《水经》的基础上撰注而成的。因此，

---

① 郦道元，《水经注原序》，见：陈桥驿校证，《水经注校证》，中华书局，2007年。

《水经注》一书的内容包括两个部分，一部分是《经》文，另一部分是《注》文。所谓《经》文，即《水经》之文，《注》文乃郦道元所撰写。

《水经》一书的作者，历史文献无明确记载。关于《水经》的作者，唐宋时期的一些著作认为是汉代桑钦或晋代郭璞所编著。如《隋书•经籍志》和《旧唐书•经籍志》都记载《水经》三卷，为晋代郭璞撰。宋人郑樵《通志•艺文略》则记载：《水经》三卷，汉桑钦撰。虽然宋代已有人对此说法有所怀疑，只是到了清代的郦学家们才真正肯定地认为《水经》非桑钦所著，郭璞也并未撰《水经》。郭璞可能为《水经》作注，但也早已佚失，没有流传下来。郭璞所注的《水经》，当是另一《水经》，与郦道元所注的《水经》为两部不同的《水经》。近代又有学者认为郭璞既未撰写过《水经》，也未为《水经》作过注。学者们现已普遍认为，郦道元为之作注的《水经》，其作者已不可考，实为佚名。

关于《水经》一书的成书时代，清代著名学者胡渭认为，《水经》为东汉至魏晋期间由多人陆续完成的。清代两位著名郦学家全祖望和戴震分别认为是东汉和三国时的人编写的。清末至民国年间的郦学家杨守敬和熊会贞二人进一步证明，《水经》完成于三国魏初年。《水经》成书于三国魏初年这一说法，现已得到学者们普遍认同[1]。

《水经注》一书一方面继承了我国古代重视水的文化传统，另一方面又有重大创新。郦道元之前的地理著作和有关河流的著作虽然不少，但对河流及其相关内容的记载有的过于简略，有的则错误很多。郦道元说："昔大禹记著山海，周而不备，《地理志》其所录，简而不周，《尚书》《本纪》与《职方》俱略，《都赋》所述，裁不宣意。《水经》虽粗缀津绪，又阙旁通，所谓各言其志，而罕能备其倡导者矣。"[2]其中的"大禹记著山海"是指《山海经》，郦道元认为《山海经》是大禹所著；《地理志》是指《汉书•地理志》，该志是按行政区域来记载地理内容，为东汉班固所著；《尚书》是指其中的《禹贡》篇；《本纪》可能是指

---

①陈桥驿，《郦道元与水经注》，上海人民出版社，1987年，68～97页。
②郦道元，《水经注原序》，见：陈桥驿校证，《水经注校证》，中华书局，2007年。

《禹本纪》；《职方》当指《周礼》中的《职方》；《都赋》是指东汉和魏晋时期一些文人为一些曾作为都城的大城写的赋，如东汉张衡的《南都赋》、晋左思的《三都赋》等；《水经》是郦道元为之作《注》的三国时魏人所写的《水经》。郦道元认为这些著作或简略，或有缺陷，或各侧重某一方面，即郦道元所称之的"各言其志"。他对这种状况很不满意。这是他要为《水经》作注的原因之一。

郦道元撰注《水经注》的第二个动因是，他深感由于政权更迭，民族迁徙，诸多地理要素变化很大。如他在《序》中所说："但绵古芒昧，华戎代袭，郭邑空倾，川流戕改，殊名异目，世乃不同，川渠隐显。"其大意是，由于世代更替，华夏民族和游牧民族的迁徙，许多城郭被废弃，河川改道，河川名称和地名都发生很大变化，人们对古代的地理情况感到茫然。魏晋南北朝时期正是中国北方地区民族大迁徙、大融合时期，各民族的分布地域变化极大。从汉代到北魏时代，已经历数百年，一些城镇被废弃，许多河流，特别是黄河下游河道以及海河流域诸多河流都发生改道和迁徙，许多地名也发生变化。作为北魏王朝重要官员的郦道元，对这些地理要素变化之大无疑有深深的感触。这些都使他感到有必要写一部能反映这些变化的著作。

郦道元撰注《水经注》的第三个动因是，他深感许多地理著作和地图存在很多问题，如对于许多河流，或被乱加一些莫名其妙的名称，或本来一条河流的各段各有不同的名称，而往往被通称为一个名称，尤其是那些有若干分岔支流的河流，其名称更是被一些地理著作给搞得非常混乱和莫名其妙。有鉴于此，郦道元深感有必要来写一本以河流为纲的地理著作。

郦道元为什么不自己撰写一本关于河流的书，或自己撰写一部地理著作，而是为《水经》作注呢？其可能的原因是，《水经》一书开创了以河流为专门对象进行记述的范例，有较大影响，而郦道元又善于吸收和继承前人的成果，正如郦道元在《序》中所说"布广前文"。所谓

"前文"即指《水经》，此句话的含意是要将《水经》等地理著作加以传布。另一方面，汉代以后，对那些被称为《经》的古代文献作注，成为一种风气。其中许多大学问家也都为古代的《经》书作注。郦道元为《水经》作注，也可能受此影响。

《水经注》一书，与其说是郦道元为《水经》作注，不如说该书主要是由郦道元完成的。《水经》所记载的河流数量和记载的内容，远不能与郦道元所撰写的《注》文相比。《水经》所记载的河流只有137条，而《水经注》记载的河流多达1252条。《水经》的字数只有1万多字，而《水经注》的字数多达30多万，是《水经》字数的20多倍。在记载的内容方面，《水经》只是很概略地记载河流发源地、所流经的地方，而《水经注》一书所记内容不只是河流的河道本身及河流的发源地和流经的地方，还记载沿途地貌和自然风光、河流水文、河道变化、湖泊、沼泽等水文要素，记载植被与动物、自然灾害与异常自然现象。此外，《水经注》还记载了丰富的人文地理内容，如记载桥梁津渡近200处，古都、城邑等数十个；记载镇、乡、亭、里、聚、村、墟、戍、坞、堡等十类聚落总数约有1000处；记载地名2万余处、河流名称4000余个；解释地名约有2400多处[1]，还记载大量水利工程，以及园林、庙宇、墓葬，还记载许多地域或地方的行政沿革、战争等历史事件、历史典故、民族迁徙、名人逸事、碑文、民俗与歌谣，以及矿产和手工产品等丰富内容。可以说，《水经注》一书既继承了中国古代重视水的文化传统，又开创了以河流为纲，记载丰富地理内容的新体例。这一体例又被称为"以事系地"，即将某一历史事件与相关的地理位置联系起来。这在我国古代地理著作的写作体例方面，是重大创新。虽然后来又有人撰写以河流为内容的著作，但其所记内容的丰富程度和学术价值远不能与《水经注》相比。因此，可以说，《水经注》是一部继承与创新的不朽的伟大地理著作。

---

[1]陈桥驿，《郦道元评传》，南京大学出版社，1994年，168～172页。

郦道元之能撰注《水经注》，还有一个客观因素，这就是到郦道元所在的魏晋南北朝时期，地方志类的著作数量已经很多。再加上郦氏家族几代担任过许多重要地区的最高行政官员，特别是郦道元本人担任过许多地方的行政主管官员，郦家几代为官所管辖的地域几乎涵盖了黄河流域的中下游地区，可能收集和积累了相当数量的地理著作。特别是郦道元本人还曾任"治书侍御史"的官职，接触和阅读了大量有关各地的地理著作，为撰注《水经注》创造了丰厚的条件。

《水经注》所记述的地域范围，北面到阴山山脉以北，东北到辽河及其支流西辽河，东面到朝鲜半岛，南面到中南半岛和印度及巴基斯坦，西面到帕米尔高原以西。郦道元之所以选定这一范围，可能他认为这一范围的河流水系都是属于一个系统，这个系统就是以黄河作为诸河之首的系统，认为众多河流都是与黄河有关系，把黄河在众多河流中的地位提到最高，把塔里木河作为黄河的源流，把帕米尔高原作为黄河的源头。尽管这一认识是错误的，但对中国古代的许多观念和文化却有着深远影响。这个统一的水系体系的构思从地理学的角度为后来中华民族的大一统思想的形成提供了一个空间结构基础。

但《水经注》在上述范围内，又可分为几个区域。一是汉水和淮河以北，青海湖以东，北至阴山以北，东北至滦河，东至山东半岛的最东部的胶河和沂沭河流域。这一地区所记载的内容翔实，可靠性较高。这是由于这一地区是郦道元亲自进行了广泛考察。而汉水和长江以南地区，以及今天新疆的塔里木盆地，郦道元未能亲自考察，主要是根据文献来编写的，但也不是仅仅抄录文献，而是经过他的文字加工，许多地方的描述更加精炼，更为精彩。至于今天我国疆域以外地区的河流，《水经注》中也有记述，其中相关内容有的是根据文献，有的则是他根据对来自这些地区或国家的使者或客商的调查访问所记载的内容，对于研究这些国家和地区的古代历史和地理，也都有极为重要的价值。

有人将《水经注》《洛阳伽蓝记》《齐民要术》并称为北魏三大奇书。也有人将《水经注》与南朝宋裴松之《三国志注》和唐代李善《文选注》相提并论，并称为古代三大名"注"。但《水经注》的价值要远远超过与之并列的这些著作。《水经注》既是一部对自然科学和人文科学都有极高价值的地理著作，也是一部文学价值极高的著作。该书所记载的内容对今天的自然科学、工程技术科学、人文科学乃至文化建设，都有极宝贵的价值，为许多领域的学者所感兴趣，也是普通群众乐于阅读和欣赏的佳作。随着时代的发展，《水经注》对许多领域所具有的价值的重要性越来越凸显。

郦道元一生撰写了很多著作。除撰注《水经注》这部40卷巨著，还撰写本志13篇，以及其他诸多文章，皆曾流传于世。但传至今日的只有《水经注》一书。他撰写这些著作，付出了怎样的艰辛劳动，我们今天是很难以想象的。仅以《水经注》一书而言，即使在计算机普遍应用的今天，信息的获得相当容易，要撰写出这样一部书，也非易事。而郦道元是在担任众多的重要职务，有着繁忙公务的情况下撰写出这样伟大的著作以及其他多部著作。尽管郦道元有两次短暂的被免官的经历（这两次被免官也是极不公正的），他的这些著作不可能都是在被免官的短短几年中写出来的。他很可能是在繁忙的公务中，挤出时间阅读文献和进行写作。由此也可见他的勤奋与努力。

郦道元字善长，故许多郦学著作中常以善长称之，以表示对他的雅敬。

第二章

足迹遍北国

　　清代初期地理学家刘献廷（继庄）在其《广阳杂记》中指出："（《水经注》）其书详于北而略于南。"但刘献廷并未指出为什么《水经注》"详于北而略于南"①。清代乾隆时期校勘《水经注》名家全祖望则认为，郦道元生于分裂时代，"未有能遍历者，则其据史志而记之，从传闻而审之，固多狐疑难信者矣。"②全祖望也未能指出郦道元考察过哪些地区，《水经注》对哪些地区的记载可靠性高。实际上，《水经注》一书中有很大部分是郦道元根据自己实际考察再参照前人的文献记载而撰注的，这部分内容的可信程度应当是很高的。清代大学者、著名郦学家戴震等为《水经注》撰写的《提要》则认为："至塞外群流，江南诸派，道元足迹皆未所经，故于滦河之正源，三藏水之次序，白檀、要阳之建置，俱不免附会乖错。"③文中的"三藏水"为《水经注》中濡水（今滦河）支流武列水的三个支流，文中的"白檀、要阳"为《水经注》记载的两个县名。清代乾隆皇帝也认为："郦道元仕于北魏，虽曾出使关中，而足迹未尝一至塞外，故《水经注》中所载边地诸水，形势未能尽合，即如濡水之源流分合，及所经郡县，多有讹舛，至江淮以南，地属齐、梁，道元亦未亲履其地详为考订，只据传闻所及，袭谬沿疑，无怪其说之多龃也。"④乾隆皇帝又以《水经注》中所记濡水支流武列水（今又称热河）的三条支流会流顺序与实际不符，而认为郦道元未曾去过塞外，也未亲自考察过滦河。因此，认为郦道元有关濡水的记述内容完全是道听途说而来的："道元所谓西藏水，又岂能越中藏而先与东藏合哉？此其叙述错综，已足滋惑，而以中藏为先合

---

①见：吴天任著，《郦学研究史》，台湾艺文印书馆，1992年，216页。

②见：吴天任著，《郦学研究史》，台湾艺文印书馆，1992年，236页。

③见：陈桥驿点校，《水经注》，上海古籍出版社，1990年。

④《御制题郦道元水经注六韵》，见：陈桥驿点校，《水经注》，上海古籍出版社，1990年。

东藏，则又其显然大谬者也。又如以濡水为经白檀北，夫白檀，乃今密云，实非濡水所经，则误以《汉书·地理志》之洫水（亦名鲍丘水，即今潮河）为濡，又从而傅会之矣，盖徒尚耳食，而未亲履其地，晰其支派脉络分合之由，毋怪乎其舛也。"[1] 实际上，戴震和乾隆皇帝认为郦道元未亲自考察滦河是没有根据的。此外，还有许多郦学研究者虽对郦道元重视野外考察倍加称赞，但都未能明确阐述他具体考察过哪些地区。因此，这是一个很有必要明确的问题。阐明郦道元亲自考察过哪些地区，对于阅读和理解《水经注》一书具有重要的意义。因为凡是郦道元亲自考察过的地区，在《水经注》中记载的内容就相对可靠些，其价值也更大。

郦道元的足迹遍及北魏政权统辖的北中国的大部分地区。他西面到达黄河上游今天青海省东部的河湟地区，西北到达今宁夏地区，北面到达阴山以北和滦河上游，南面到达淮河以南，西南到达汉中地区，东面到达胶东半岛的东海之滨。在这一地域内，他进行了广泛考察。

一、最西：西上高原探河湟，妙笔描绘丹霞景

从中华民族历史的早期，黄河就被认为是中华大地上最重要的一条河流。黄河在《水经注》中被作为诸河之首，也被认为是最重要的一条河，因此，对黄河的考察无疑应是郦道元最为重视的。郦道元最西面考察过哪里，根据《水经注》行文的特点和记述的详细程度，有理由认为，最西面他到了青海高原东部，考察了这里的黄湟二水。

《水经注》卷二在黄河流经白土城之后对大河两侧地貌有一段精彩的

---

[1]《御制热河考》，见：陈桥驿点校，《水经注》，上海古籍出版社，1990年。

描写："河水又东，北会两川，右合二水，参差夹岸，连壤负险相望。河北有层山，山甚灵秀。山峰之上，立石数百丈，亭亭桀竖，竞势争高，远望嵾嵾，若攒图之托霄上。其下，层岩峭举，壁岸无阶。悬岩之中，多石室焉。"此段文字所描写的正是西宁市南面李家峡及其上下黄河两侧的地貌。这一段黄河两侧，地形高耸陡峻，地形相对高差达1000～2000米，岩层为地质历史上第三纪时期湖泊沉积的红色砂岩或灰绿色砂岩，岩层呈近于水平状态。这种地貌有一个专门的科学术语，称为"丹霞地貌"。《水经注》中描写的正是典型的丹霞地貌特点。其中的 "层岩峭举，壁岸无阶"所描写的就是水平岩层形成的直立的陡壁。

《水经注》中所描写的这段黄河，今天在这里建成李家峡水库。郦道元所描写峡谷景观可能有很大部分已被水库淹没。现在所能见到的黄河北侧丹霞地貌仍非常壮观（见照片2-1）。而位于李家峡水库南侧的坎布拉山区，其丹霞地貌特征尤为典型。这里群峰高耸，陡立的崖壁和红色的水平地层，呈现极为壮观的景观（见照片2-2、2-3）。陡立的崖壁上有洞穴，曾是藏传佛教后弘期发祥地，藏传佛教后弘期的三位弘法大师就是在这里的洞穴中进行修炼并弘扬了藏传佛教。坎布拉山区今属黄南州尖扎县。可以说，郦道元把这里黄河两岸丹霞地貌特征描写得惟妙惟肖，生动形象。他是历史上描写黄河上游丹霞地貌的第一人，也是精彩描写我国丹霞地貌第一人。郦道元若不是亲临其地，是不能有如此精彩的描写的。

《水经注》中此段的描写，是否有可能是郦道元引自他人文献呢？根据笔者分析，此段文字不是引自他人文献，而应是郦道元亲自考察所见。其理由有二：其一，《水经注》在有关这一段黄河的描述中，没有提到他人文献；其二，黄河的这一段所流经的地区，在北魏以前的很长历史时期中，都是游牧民族分布的地区，只是在黄河及其支流的局部较宽阔河谷中才有农业种植。如贵德段黄河谷地和今天黄南州的同仁县境的隆务河谷地，在两汉和魏晋南北朝时期有局部农业种植，但也是受游牧民族控制。因此，这里在北魏以前，经济和文化都相对落后，有关这一地区的文献记载应当很少。故此,《水经注》中有关黄河这一段的详细描写,应是郦道元亲自考察所见。

位于今青海省东南部的黄河上游,地形崎岖,自然环境严酷。即使在交通和通讯非常方便的今天,来这里考察也不是一件容易的事情,更何况在古代交通条件极为不方便的情况下,郦道元能到这里考察,是非常值得称赞的壮举。

湟水是黄河上游的一条较大支流。根据《水经注》对湟水记载之详细,有根据认为,郦道元考察了湟水的大部分河段。《水经注》除了对湟水源头段记述较简略,对湟水干流的大部分河段记载的内容都很详细丰富,包括所流经两侧地理的自然与人文。甚至对许多支流的记载也很详细,包括这些支流的源头,流经两侧的山体。特别是对湟水流经的许多地理要素的空间关系、距离和方位等的记载,非常肯定和明确。如正确指出湟水和青海湖之间没有关系,而是从湖的北侧流过:"湟水又东南,径卑禾羌海北,有盐池……东去西平二百五十里。"青海湖在古代又被称为卑禾羌海。西平即位于今西宁市。郦道元纠正了在他之前的地理学家阚骃在其《十三州志》中的两处记载:一是有关西平城与位于其西北的长宁亭间的距离。《十三州志》记载为六十里,郦道元则指出"六十里远矣",明确指出只有四十里;另一处是关于西平亭与土楼神祠的相对位置。阚骃《十三州志》记载土楼神祠在西平亭北,而郦道元指出土楼神祠在西平亭东北:"湟水又东,径土楼南,楼北倚山原,峰高三百尺,有若削成。楼下有神祠,雕墙故壁存焉。阚骃曰:西平亭北,有土楼神祠者也。今在亭东北五里。右则五泉注之。泉发西北亭北,雁次相缀,东北流,至土楼南,北入湟水。"文中的土楼位于今西宁市城区北部,今称北山,神祠今称北山寺,又称北禅寺。北山寺北依崖壁陡立的北山,成为今天西宁市的一个宗教文化景点。五泉位于西宁古城北门外湟水南侧。在这里,《水经注》把西平亭、西宁北山、北山寺(土楼神祠)和五泉等几个地理要素的空间关系交代得非常清楚,还生动描写了土楼神祠"雕墙故壁存焉"的状态,只有亲自来此考察,才能描写得如此生动具体。《水经注》关于湟水和西平城的记述，对于认识西宁市的历史和地理乃至历史文化都有重要价值。阚骃是比郦道元早半个多世纪的十六国时期人，他撰写的《十三州志》，除记载了行政沿革及人文地理等内容，还对很多河流有所记载。阚骃的《十三州志》对西平城的西平亭与神祠空间关系的表述错误很多，表明他是没有来此进行实地考察，而郦道元能如此明确而肯定地纠正他的错误，进一步说明，郦道元曾亲自来过这里考察。

郦道元还对兰州以上的黄河支流大夏河和洮河进行了考察。《水经注》对洮河、大夏河的干流及一些支流记述的详细程度，可以和对渭河、汾河、伊河、洛河、汝河、颍河、海河流域诸河流，以及鲁北地区诸河流的记述相比。而有证据表明，这些河流都是郦道元亲自考察过的河流，因此记载得很详细。因此，也可以认为郦道元对大夏河、洮河亲自进行了考察。

大夏河在《水经注》中被称为漓水。《水经注》对漓水下游流经的皋兰山门以下河段有详细的描写。皋兰山门又称石门山、石门口，这里地形险峻："石门口，山高险绝，对岸若门，故峡得厥名矣，疑即皋兰山门也。汉武帝元狩三年，骠骑霍去病出陇西，至皋兰，谓是山之关塞也……今是山去河不远。"（卷二《河水二》）他又指出白石县城与大夏河相对位置与阚骃所记载的有所出入："阚骃曰：白石县在狄道西北二百八十五里，漓水径其北。"而郦道元则指出："今漓水径其南，而不出其北也。"郦道元对阚骃《十三州志》中记载的漓水与白石县城相对位置的纠正，若不是实地考察，是不可能了解到的。

洮水是黄河在接纳大夏河后的又一条重要支流。《水经注》不仅对洮水干流有详细记载，还对洮水的很多支流也有较详细记载。洮河下游尾闾段是分为四条分支流分别流入黄河中，对洮河的这一水文状况，《水经注》的记载简练而明确："洮水又北，翼带三水，乱流北入河。"这一记载表明，洮河尾段的四条分支流中，有一条是主要的干流，其余三条是分支流，只有实地考察才能如此明确地用简练的文字概括这里河流水文的特点。证明郦道元亲自考察过洮河流域，这是很重要的。因为《水经注》在《洮水注》中记载有关大禹治水的故事："洮水又东，径临洮县故城北。禹治洪水，西至洮水之上，见长人，受黑玉书于斯水上。"还引述《晋书地道记》记载洮河下游的大夏县有禹庙："（洮水）又东北径大夏县故城南……《晋书地道记》曰：县有禹庙，禹所出也。"（卷二《河水二》）关于此处记载的"禹所出也"一事，清末民国时期的杨守敬在为《水经注》作疏中称，有关大禹出生在这里"可谓异闻"，认为是郦道元张冠李戴，把大禹的出生地搞错地方了。其实，有关大禹出生在这里，可能是《晋书地道记》就已记载，并不是郦道元所记，郦道元只不过是引用而已。郦道元引用《晋书地道记》也并不表明他没有来过这里，也可能是他来此考察，对《晋书地道记》记载的大禹的事迹表示赞同。如果郦道元确实来过这里考察，那么《水经注》中有关古代在洮河流域有纪念大禹的活动以及有大禹庙的记载，应是确有其事。如果古代在洮河流域确有纪念大禹的活动和有关大禹的传说，这对于研究中国古代历史和中国古代文化乃至人文地理研究都有重要意义。

二、西北：两大平原观水利，阴山古道评关险

黄河上游的两大平原，即银川平原和内蒙古河套平原，早在秦代就引黄河之水发展灌溉农业。到郦道元的时代，这两大平原的水利灌溉事业一直持续下来，使这两大平原成为黄河上游最富庶的两个地区。在郦道元时代，这两个地区对于北魏政权有着重要的经济和军事意义。在北魏后期的明帝时期，北魏朝廷想把北方"六镇"（北魏时期位于今银川平原和沿阴山分布的六个军事建制镇）军事建制改为行政建制时，曾委

派郦道元来拟定改制后的行政区域的名称。虽然此次改制之举因六镇兵民的暴动而告吹，但郦道元为此事曾先期来过银川平原和河套地区进行过预调查是有可能的。

《水经注》中的记载明确表明郦道元确实来过这里进行考察。当时银川平原有一个"薄骨律镇"，是当时的"六镇"之一。"薄骨律"这一名称是北方少数民族的语言，郦道元为了搞清楚"薄骨律"一词的含义，访问故老："河水又北，有薄骨律镇城，在河渚上，赫连果城也。桑果余林，仍列洲上。但语出戎方，不究城名。访诸耆旧……"（卷三《河水三》）显然，这一记载表明郦道元亲自在这里进行调查访问。文中的"薄骨律"城和"赫连果城"，都是指的同一个城，该城为赫连勃勃所建。赫连勃勃为匈奴人的后裔，原来游牧于鄂尔多斯地区，后来势力逐渐壮大，又拥有黄土高原部分地区和宁夏平原等，并雄心勃勃，在陕北无定河上游红柳河北侧兴建都城，名为统万城，国号大夏，想以此城为中心，统一万邦。今天陕北靖边县的统万城遗址就是他所建的都城。赫连勃勃政权曾是北魏之前的十六国时期西北地区的一个重要政权。赫连勃勃死后，他的儿子赫连昌继位，后被北魏消灭。赫连勃勃在银川平原黄河两条岔流之间的岛洲上不仅建了一座"薄骨律"城，并在此岛洲上种植许多果树，把这里作为他的果园，故郦道元称之为"赫连果城"。郦道元的这一记载是有关银川平原有园艺的最早记载。显然，银川平原果树种植有悠久的历史，今天银川平原被称为瓜果之乡是有其历史渊源的。

《水经注》还记载有关银川平原的城镇沿革、河道变迁、农业生产等丰富内容。由于郦道元来此考察已确证无疑，那么这些内容也都应是他亲自调查得来的，其可靠性应很高。如关于银川平原北部的"浑怀障"，又名"历城"，关于该城居民以及"历城"一名的来历，《水经注》的记载就极有价值："河水又东北径浑怀障西……太和初，三齐平，徙历下民居此，遂有历城之名矣。"（卷三《河水三》）关于太和初从历下（即今济南）迁移来此一批人口一事，因不见于其他文献记载，故在《水经注》研究的历史上，有的学者提出否定或怀疑。其实，否定或怀疑这一记载是没有根据的。北魏太和初年，约为公元5世纪70年代，距郦道元来此考察可能还不到30年（郦道元来此考察应是在北魏明帝时期，可能是为了六镇改制而进行的历史沿革调查而来），时间相隔并不久远，而且又是郦道元亲自来此考察，因此，这一条内容应是非常可信的。这一条记载表明，古代在宁夏地区的开发中，齐鲁大地的人民作出很大贡献。其实，早在汉代，就从黄河下游的齐鲁大地迁移大量人口到西北地区，其中也包括宁夏地区。而郦道元的实地考察表明，到北魏时期，又迁移来大量人口。齐鲁大地的人民在大西北的开发乃至对这里各民族间文化交流和民族融合方面，作出了很大贡献。

宁夏南部的清水河，发源于宁夏南部固原地区，是黄河在宁夏地区的一条重要支流，《水经注》中称之为高平川水，《水经注》对该河有详细记述，留下了有关该河流域地理的许多宝贵记录。如史载北魏主管薄骨律镇的将领刁雍，为了将银川平原的粮食运输到今河套地区而砍伐牵头山的树木造大船。但有关牵头山的位置，曾经有的学者认为是六盘山。而《水经注》的记载明确表明，牵头山并不是六盘山，而是位于六盘山西北的今天称为屈吴山的山地。牵头山位置的认定，对于研究历史上宁夏南部山区植被的变化有重要意义。

固原地区在北魏时期是丝绸之路上的交通枢纽。这里有北魏时期的石窟佛像，还出土了很多与丝绸之路贸易及文化交流有关的文物，为古代来自西域诸国的商旅频繁经过固原地区提供有力证据。《水经注》对清水河流域地理的详细记述，表明郦道元不仅亲自考察过这里，还表明他所行走的这条考察路线，即他到银川平原的考察，很可能是沿丝绸之路由渭河经由固原地区和清水河，正是沿北魏时期经过固原的这条丝绸之路而来，为这条交通路线的存在提供了一个很好的例证。

今内蒙古河套地区是郦道元在西北进行详细考察的又一个地区。

《水经注》对北魏时期河套地区黄河河道的记载表明，黄河在今内蒙古河套地区自然分流，形成南北两个分支流，分别称为南河和北河。

此外，这里还有人工引黄河灌溉的渠道，形成复杂的水系系统："河水又北，有枝渠出焉，谓之铜口。东径沃野县故城南……枝渠东注以灌田，所谓智通在我矣。"（卷三《河水三》）这一记载表明，北魏时期今内蒙古河套平原西部仍有很好的引黄灌溉水利系统。他还记载黄河在这里溢出形成的湖泊即屠申泽，又称窳浑泽，东西长达一百二十里。郦道元把河套地区黄河的两条自然分流的河道以及人工灌溉系统和屠申泽的范围记述得很详细，特别是他对这里的灌溉系统之完善赞赏不已，称之为"所谓智通在我矣"，表明他是亲自来过这里考察，才能有如此感情深切的感慨。

郦道元考察过河套地区是确凿无疑的，但他是否考察过阴山山地呢？之所以要提出这样一个问题，是因为这涉及了阴山山地中的一个很重要的关隘——高阙和高阙塞的位置问题。高阙是阴山山地中的一个很重要关隘。早在司马迁的《史记·匈奴列传》中就记载战国时期的赵国武灵王实行"胡服骑射"的重大改革，势力壮大，其领土范围北至阴山，并沿阴山修建长城，西至高阙，并在这里建造城堡，称高阙塞。后来，郦道元在《水经注》中对高阙有较详细的描写："《史记》赵武灵王既袭胡服，自代并阴山下，至高阙为塞。山下有长城。长城之际，连山刺天，其山中断，两岸双阙，峨然云举，望若阙焉，即状表目，故有高阙之名也。自阙北出荒中，阙口有城，跨山结局，谓之高阙戍。自古迄今，常置重捍以防塞道。汉元朔五年，卫青将十万人败右贤王于高阙，即此处也。"（卷三《河水三》）这里，郦道元不仅精彩地描写了高阙的地形特点，高阙一名的由来，还指出了其军事上的重要性。如此精彩的描写，前无古人，后无来者。但是，有关高阙和高阙塞的位置，学者们曾有多种说法。这里不仅有对《水经注》记载内容的理解问题，有的作者还对郦道元是否到过高阙塞提出疑问，认为《水经注》对高阙和高阙塞的描写是引自前人的方志之类的著作。由于高阙和高阙塞在历史上曾是沟通阴山南北的重要交通通道，也是重要的军事关隘，对其位置的确定，对于河套地区的历史文化研究和今天的旅游都有重要意义，因此，该问题也引起人们的广泛关注。

首先，关于郦道元是否到过高阙和高阙塞，回答是肯定的。前面已说及郦道元对河套地区引黄河灌溉工程的赞叹之语，是他到河套地区考察的有力证据。郦道元既到了河套地区，而且那时河套地区黄河的干流是北河，南河仅是分支流，那么，郦道元对河套地区的黄河进行考察，沿北河进行考察是有可能的，也是顺理成章的。事实上，根据《水经注》对北河记载之详细，特别是北河在两个关键部位，即北河由南向北流转为向东流和北河在由西向东流转为向南流的两个转折点处，《水经注》都记载得很清楚。如果郦道元不是亲自沿北河考察，是不会如此明确地指出这里的黄河北河存在两个转弯处，并且将这两个转折部位的位置记述得如此清楚。北河的河道今天仍有水流动，但主要是今天后套地区农田灌溉排泄之余水，称为乌加河。北河沿阴山山脉的最西段，今天称为狼山的山地南侧，自西而东流。狼山在《水经注》中被称为阳山，马阴山在今天称为乌拉山，《水经注》称之为马阴山的山地西端转向南流，经今乌拉特前旗与南河会流。北河的这一条河道位置与北面的山地，即高阙和高阙塞所在的阴山山地相距不远。郦道元既然沿黄河的北支，即北河进行考察，那么，对于距北河不远的高阙和高阙塞，郦道元是不会与之擦肩而过，错过考察历史上如此重要的一个关隘的良机。再从《水经注》对高阙描述之精彩和详细，也应可以断定这是郦道元亲自考察所得，而不是转引自他人的文章。

既然郦道元亲自来考察过北河，也来过高阙塞和高阙考察过，那么他对这里地理要素空间关系的记述应当是可信的。《水经注》记载高阙塞和高阙位于北河由南向北流在转向东流后不久的北侧山地，然后，北河向东，流经临河县故城之北。现在，临河故城的位置已被考古调查所确定，那么高阙塞和高阙的位置就应位于临河县故城之西。这个位置应当是可以确定的。现在在乌拉特后旗的达巴图沟的南口发现古城堡遗址，这里被认定为是高阙塞。在该古城堡遗址北面的达巴图沟，被认定是高阙（见图2-1）。这一位置近年已为多数学者所认同，文物部门在这里竖起了"高阙塞遗址"的标牌。但高阙和高阙塞作为历史上的一个重要关隘，它的位置还有必要进一步进行论证。

图2-1 北魏时期河套地区图（隶书体字为北魏时地名，宋体字为今地名；虚线为北魏时河道，实线为今河道）。

　　郦道元还指出河套地区黄河南侧有多处流动沙丘，纠正了前人关于黄河南侧为山地的说法："余按，南河、北河及安阳县以南，悉沙阜耳，无佗异山，故《广志》云：朔方郡北移沙七所，而无山以拟之，是《音义》之僻也。"（卷三《河水三》）这一段对河套地区黄河南侧和鄂尔多斯高原北缘地形的阐述，应是他实地考察所见。此记载很有价值，表明鄂尔多斯高原北缘早在1500多年前就已存在一片流动沙带。此流动沙带即今天所称的库布齐沙地。文中的《音义》，是指《史记音义》，该书认为河套地区黄河南侧为山地，郦道元认为这一说法不准确。

　　阴山山地中的另一条古道——白道谷，也是郦道元考察过的一条阴山中的古道。白道谷位于今呼和浩特北面，南北横穿大青山，历史上是沟通土默特川与阴山北侧蒙古高原之间的重要通道。据《水经注》记载，早在太和十八年，郦道元就陪同孝文帝巡查了今呼和浩特北面的大青山。此次考察无疑是经由白道谷。《水经注》对该谷地通道有详细描写："（荒干水）又西南，径白道南谷口，有城在右，萦带长城，背山面泽，谓之白道城。自城北出有高阪，谓之白道岭。沿路惟土穴出泉，扼之不穷。余每读《琴操》，见《琴慎相和雅歌录》云：'饮马长城窟。'及其扳陟斯途，远怀古事，始知信矣，非虚言也。顾瞻左右，山椒之上，有垣若颓基焉，沿溪亘岭，东西无极，疑赵武灵王所筑也。"（卷三《河水三》）"高阪"即白道谷上游的坡度很大又很高的高坡，《琴操》为古代的诗歌集，"扳陟斯途"，意为跋涉此段坡度很大的路程。此段文字将白道谷的地貌环境、水文及人文等情况非常精炼而生动地描写出来。荒干水即今呼和浩特南面由东而西流入黄河的大黑河。这一段关于白道谷的描写，由于是郦道元亲自考察所见，其可靠性应是无疑的。他对这里水文的描述，指出白道谷中的泉水取之不尽，从而证明前人所描写的"饮马长城窟"并非虚言，这对于今天环境变化的研究有很重要的意义。另外，他指出这里的长城是在大青山山地之中沿山岭东西方向延伸，而不是沿阴山的南侧山麓延伸。这一记载已为近年对长城的调查所证实。

总之，郦道元对河套地区的考察，留下了有关这一地区自然环境、水利工程和人文的宝贵记录，特别是对阴山山地中古道的考察和精彩的记述，留下了有关这些古道的历史自然与人文的宝贵记录，同时也表现出郦道元对历史上曾经是重要军事关隘的阴山古道的关注。

三、东北：寻踪滦河详记述，乾隆戴震妄评议

郦道元在东北方向最远到过什么地方，前面提及清代乾隆皇帝认为郦道元没有到过塞外，认为《水经注》所记为郦道元得自耳闻，以及《水经注》所记载的边地诸水，多有错讹："故《水经注》中所载边地诸水，形势未能尽合，即如濡水之源流分合，及所经郡县，多有舛讹。"清代著名学者戴震亦认为郦道元没有到过滦河，认为《水经注》

中有关滦河的记述"附会乖错","传闻失实"。这些论断和指责都是不准确的。民国时期著名郦学家杨守敬和熊会贞对乾隆皇帝和戴震等人对郦道元的指责已予以驳斥，指出郦道元到过滦河①。但郦道元考察过滦河哪部分河段，还是考察过整个滦河，杨守敬和熊会贞也未论及。实际上，郦道元不仅到过滦河，而且是从上游源头沿滦河的干流进行考察，直到滦河入海处。滦河流域是郦道元足迹所到的最东北地区。

滦河发源于冀北燕山山地的大马群山。滦河在《水经注》中称濡水。郦道元对滦河源头地区的描述非常详细。他记载滦河源头从冀北山地自南向北流，"濡水出御夷镇东南。其水二源双引，夹山西北流，出山合成一川……又西北径渌水池南，池水渊而不流。其水又西，屈而北流，又东径故城北，连接两池沼，谓之连渊浦。"然后，又描写濡水从源头向北，河道两侧的景观有沙地和松林山："又北径沙野……屈而东北流，径沙野北，东北流径松林山北……"这些描写表明，滦河上游是一片草原景观。文中的"渌水池""渊而不流"当属内流湖，文中的"两池沼，谓之连渊浦"可能就是后来元代文人所称的鸳鸯陂或鸳鸯泺。

郦道元对滦河上游自然环境的描写与元代一些文人的描写大致相同。元代时期，在滦河上游的北侧（今属正蓝旗）建有上都城，为元代帝王们夏季避暑之夏都。每年夏季，元代帝王都要到上都，通常会有一些文人随行。这些随行的文人写了不少有关沿途的诗文。他们所描写的滦河源流地区的景观与郦道元所描写的完全相同。

如杨允孚《滦京杂咏》所描写的滦河源流地区的景观也是典型的草原景观："鸳鸯陂上是行宫，又喜临歧象驭通。芳草撩人香扑面，白翎随马叫晴空。"②文中芳草可能就是指的百里香，这是草原地区分布很广的植物，其茎匍匐在地面生长，其花很香，故称百里香；文中的"白

---

① 郦道元注，杨守经、熊会贞疏，段熙仲点校，陈桥驿复校，《水经注疏》卷十四《濡水注》，江苏古籍出版社，1989年，1241页。
② 《元诗纪事》卷二十，王云五主编《万有文库》，商务印书馆，民国二十二年。

翎"即百灵鸟，为草原地区的鸟类；鸳鸯陂，又称鸳鸯泺，位于燕山山地之北，很可能就是《水经注》中的连渊浦。

元代周伯琦在至正十二年（1352）四月，扈从皇帝到上都，有扈从诗，并有序。他在《序》中记述了出了燕山山地向北沿途的景观："近沙岭，惟土山连亘，地皆白沙，深没马足。过此则朔漠平川如掌，天气陡凉，风物大不同矣。遂历黑嘴儿，至失八儿秃，地多泥淖，又名牛群头，其地有驿……驿路至此相合。北皆刍牧之地，无树木，遍生地椒、野茴香、葱韭，芳气袭人。草多异花五色，有名金莲花者，似荷而黄，至察罕脑儿，犹汉言白海也。"文中的"地椒"，即百里香，为草原植物；"察罕脑儿"，为位于元上都和燕山山地之间的湖泊。他又在《鸳鸯泺作》一诗中描写鸳鸯泺周围的景观："山低露草深，天明云气薄。积水风飕飕，平沙烟漠漠。"[①] 这首诗所描绘的，也是典型的草原景观。

郦道元和元代文人们的描写，都表明滦河源流地区的景观为典型草原，而且他们都描写了这里有湖泊、沙地等景观。郦道元的描写与元代文人们亲自观察所描写的景观基本一致，这就有力地说明，郦道元的描写应是他亲自到过滦河上游考察所见。这一点很重要，因为《水经注》中关于滦河上游存在沙地的记述，表明滦河上游地区早在北魏时期就已出现沙漠化现象。今天这里是浑善达克沙地的南缘，郦道元的记载表明这里沙漠化出现的历史已很久。

《水经注》记载滦河从源头向北流之后，又记载该河转向东和东南流，形成一个大的弯曲。这符合滦河的实际情况。滦河在今天的正蓝旗和多伦县北面，形成一个大弯曲，转向东南流。但在郦道元之前的《汉书·地理志》只记载濡水出北蛮中，《水经》也只记载濡水从塞外来，都没有记载该河的源流是先从南向北，而后形成大的弯曲。显然，在郦道元之前，中原地区的文人们对滦河上游的地理知识是很贫乏的，甚至是错误的。这是因为这一地区在北魏以前一直是游牧民族分布的地区，

---

① 《元诗纪事》卷二十，王云五主编《万有文库》，商务印书馆，民国二十二年。

人烟稀少，有关这一地区不可能有什么详细的地理著作或方志类著作供郦道元参考。郦道元对这一地区能有如此详细而准确的记述，应是他对滦河进行实地考察的结果。

《水经注》在记述濡水上游在流经大弯曲后，向东南流，经要阳县故城东和白檀县。对于《水经注》的这一记载，清代乾隆皇帝和郦学大家戴震都认为是错误的，他们认为白檀、要阳二故城在今北京的密云县，他们由此而认为滦河不流经此二县，进而认为郦道元未到过滦河。乾隆皇帝和戴震对《水经注》的指责，清末民国时期的著名郦学家杨守敬予以驳斥。杨守敬指出戴氏对北魏文献不熟悉，没有仔细审读《魏书·地形志》，实际上，在郦道元的时代，密云县不在今北京市，而位于古北口外承德之西，正是滦河所经之地。由此他进而指出郦道元曾亲历滦河上游，故能"言之凿凿"。[①]

《水经注》记载了濡水的支流武列水，及其三条支流。武列水流经今承德市，它的三条支流即三藏水："濡水又东南流，武列水入焉。其水三川派合。西源右为溪水，亦曰西藏水。西藏水又西南流，东藏水注之。水出东溪，一曰东藏水，西南流出谷，与中藏水合。水导中溪，南流出谷，南注东藏水，故目其川曰三藏川，水曰三藏水。"（卷十四《濡水》）武列水今又称热河。乾隆皇帝和戴震都指责郦道元把武列水三条支流汇流的顺序搞错了，由此进而认为郦道元未到过滦河，指责他对滦河等边地河流的记载是道听途说。乾隆皇帝和戴震对郦道元的评论显然是过于偏激，是只抓住一点，全盘否定。从图2-2上看，武列水的三条支流汇合点彼此靠得很近，但也分出西支的西藏水与中支的中藏水先汇合，然后再与东支的东藏水汇合，郦道元的确是把这三条支流汇流的顺序搞错了。但这三条支流汇合处距滦河干流还有相当远的距离，而在北魏时期，武列河流域还没有出现大的聚落，今天位于武列河下游

---

① 郦道元注，杨守敬、熊会贞疏，段熙仲点校，陈桥驿复校，《水经注疏》卷十四《濡水注》，江苏古籍出版社，1989年，1245页。

的承德市作为大的聚落只是在清代康熙时期才出现。因此，那时沿滦河考察的郦道元未必对滦河的每一条支流都进行溯源考察，他可能没有对武列水溯源考察，因而把武列水的三条支流汇流的顺序给搞错了。但这只不过是《水经注》对整个滦河记载中小小的差错，不能因此就认为郦道元未曾来过滦河。而且，滦河在从内蒙古高原向南流入燕山山地后，河谷时而为峡谷，时而为宽谷（见照片2-4）。在峡谷段，沿河是没有道路的，道路远离河谷，这可能为郦道元的沿河考察带来一定困难。因此，《水经注》中出现的个别的小错误，是不足为奇的。实际上，《水

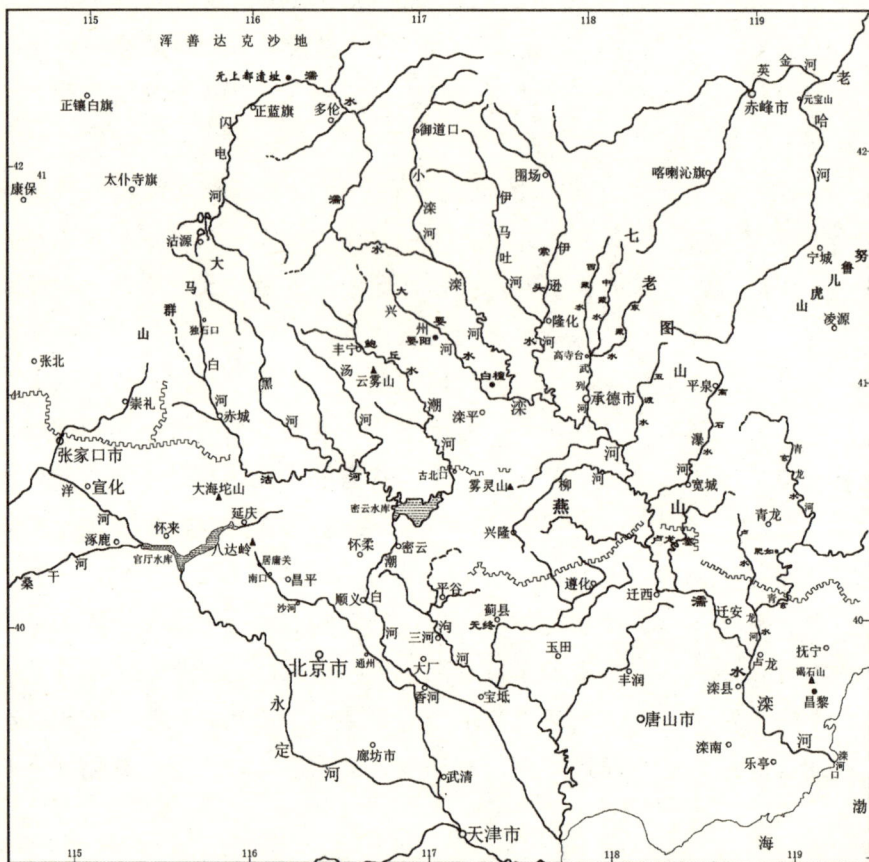

图2-2 滦河水系图（隶书体字为《水经注》中的地名，宋体字为现代地名）。

经注》对滦河的叙述，除了武列水中的三条支流汇流顺序不够准确外，其他支流的叙述都是正确的，连乾隆皇帝派专人考察了滦河并对滦河的源流进行了一番考证后，也不得不承认："以今所考上都河源方向核之，道元所言，非尽无稽。"乾隆皇帝还指出，《水经注》所记载的濡水源头地区的湖群是存在的。至于《水经注》所记载的滦河诸支流都是存在和正确的，乾隆皇帝亦指出其皆与今天相对应的河名①。乾隆所说的"上都河源"是指元上都附近的滦河，元上都位于滦河上游大拐弯北侧，今处正蓝旗境内。

滦河流经的卢龙塞，在古代曾是华北平原与东北地区交通的重要通道，历史上曾有多次重要军事行动经过卢龙塞。《水经注》对卢龙塞有详细描写："濡水又东南径卢龙塞。塞道自无终县东出，渡濡水，向林兰陉，东至青陉。卢龙之险，峻阪萦折，故有九峥之名矣。燕景昭元玺二年，遣将军步浑治卢龙塞道，焚山刊石，令通方轨，刻石岭上，以记事功。其铭尚存。"②这一段描写之详细生动，表明郦道元不仅来过此地，还对卢龙塞进行了一番考察。文中的"无终"位于今河北省蓟县，"青陉"即今卢龙县境青山口。

郦道元对北方几个山口的考察，包括阴山西端的高阙塞、大青山山地中的白道谷，以及燕山山地中的卢龙塞的考察和详细记述，表明他对军事上有重要意义的关塞或通道很关注。

滦河流经的孤竹城，是燕山山地东部见诸文字记载最早的古城，《水经注》对孤竹古城和孤竹君祠位置的明确记述，表明郦道元亲自考察过这里，为今天确定该古城和孤竹君祠的位置留下宝贵记录。

根据《水经注》对濡水尾段的记述之详细程度，有理由认为郦道元亲自考察了滦河的尾端。确定这一点是非常重要的。因为有关碣石的位置和碣石入海问题今天仍存在分歧，也是当代的一个重要科学问题。

---

① 《御制乐河濡水源考证》，见：陈桥驿点校，《水经注》，上海古籍出版社，1990。
② 郦道元注，杨守敬、熊会贞疏，段熙仲点校，陈桥驿复校，《水经注疏》卷十四《濡水注》，江苏古籍出版社，1989年，1249页。

而若确定郦道元亲自到过滦河尾端考察过，那么他有关位于滦河尾段的碣石的记述是可信的，这会为解决当前有关碣石问题的争论提供有力依据，其科学意义是显而易见的。这个问题本书后面还要说到。

滦河是郦道元足迹所到最东北地区的另一证据是，位于滦河东北的诸河流，如西辽河，《水经注》中称为大辽水，对其记载极为简略，只有寥寥几句。对于西辽河的支流，如今称老哈河和老哈河支流流经今赤峰地区的英金河，也都是很大的河流，在《水经注》中则只字未提。而与之成明显对照的是，滦河的很小支流在《水经注》中都被提到。这些都有力证明郦道元亲自考察过滦河。但不能说他考察了滦河所有支流。因此，《水经注》中对滦河某些支流的记载，有的就不够准确，如乾隆所指出的对武列水三条支流汇流次序的记载就不准确，有的支流则根本未予记载等。但不能因此就否定郦道元考察过滦河。乾隆皇帝仅就《水经注》中有关滦河支流武列水的三条源流汇流顺序记载的不准确，而认为郦道元未到过滦河，显然是片面的。

四、最东：鲁北海滨观盐田，胶东登高琅琊台

山东半岛是郦道元考察的最东部地区。

郦道元还在少年时期，其父任青州刺史，管辖着今山东半岛的大部分地域。在此期间，郦道元就经常外出游览。特别是位于青州东面的巨洋水，今称弥河，其上游流经临朐附近，有冶泉祠，这里景色优美，是少年时期的郦道元常去之地[1]。

除了少年时期游历巨洋河，郦道元步入仕途后，又因公来青州。他

---

[1]《水经·巨洋水注》。

48

对鲁北地区有很深的感情，并在鲁北地区进行广泛考察。他考察了位于巨洋水东面的潍河（见照片2-5）。他不仅考察了潍水源头，还登览和考察了琅琊山。琅琊山位于青岛西南。秦始皇曾登琅琊山，并在琅琊山筑台，称琅琊台。琅琊山和琅琊台在中国历史上是一个很有名的地方。后来，汉武帝也登临琅琊台。郦道元步秦始皇和汉武帝后尘，留下了有关琅琊台的具体记述："（秦始皇）所作台，基三层，层高三丈，上级平敞，方二百余步，广五里，刊石立碑，纪秦功德。""孤立特显，出于众山上，下周二十余里，傍滨巨海。"琅琊台今天仍有残存，依然可分出3个层次，递级而上。根据现代测量，琅琊台海拔183.4米，俯临大海，山下环台周长7.5公里，平坦的台顶周长130米。这些测量数据表明，郦道元有关琅琊台的描述与现代测量资料基本吻合。这一情况表明，郦道元不仅考察了琅琊台，还进行了仔细步测。

郦道元考察了潍水上游河段的多处水利工程，并作了记述，这是有关山东半岛古代水利的最早记录。他还记载了潍河下游夷安潭的范围以及该潭与潍水和胶水相连通，表明古代鲁北平原诸河流相互间的复杂关系（见图2-3）。

位于山东半岛东部的胶水，是郦道元亲自考察过的最东的一条河流。胶水今称胶莱河。

胶水是一条重要的河流。它自南向北流入渤海中，几乎南北横穿了山东半岛，是山东半岛上的一条重要地理分界线（见照片2-6）。胶水以东，又被称为胶东或胶东半岛。郦道元自上游向下游考察了胶水，并到了海滨，对滨海景观作了精彩描写："（胶水）又北径平度县……县有土山，胶水北历土山，注于海。海南，土山以北，悉盐坑，相承修煮不辍。北眺巨海，杳冥无极，天际两分，白黑分明，所谓滨海者也。"多么精彩的描写，如果不是身临其境，是不可能描写得如此生动。文中的盐坑即贮存海水进行晒盐的盐田。这里所描写的是渤海南部的莱州湾沿岸，这里自古就是产盐之地，早在春秋时期的齐国，就以鱼盐之利而著称。今天莱州湾南岸的昌邑和平度两县接壤处的海滨地带，仍有大

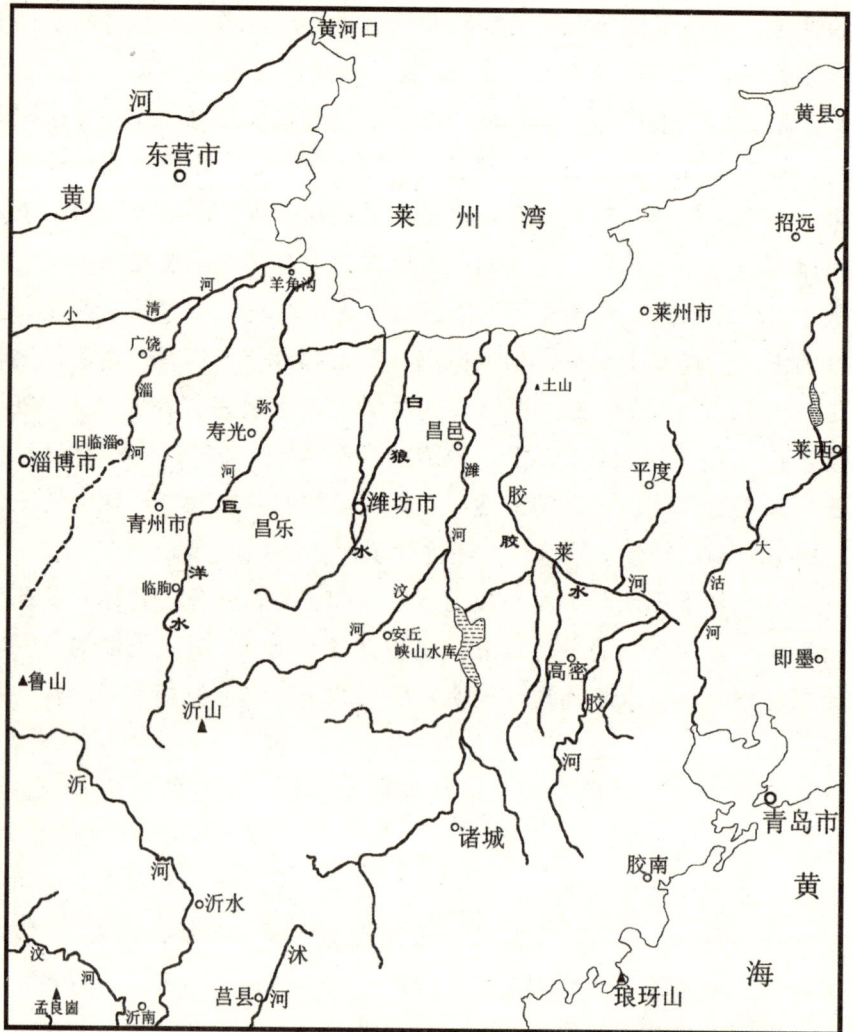

图2-3　郦道元考察的最东部地区（宋体字为现代地名，隶书体字为《水经注》中地名）。

面积盐田（见照片2-7、2-8）。

　　他还考察了鲁北地区的淄水等河流，考察了淄水下游滨海地带的湖泊，其中有汉武帝曾亲自在其附近耕作的巨淀湖，以及马车渎，还有位于滨海地带的琅槐故城、马井城和皮丘坈。这些记述对于研究古代莱州湾西部环境变迁和海岸线变迁具有重要意义。

发源于鲁中山地的泗水和汶水流域，是中华文明的重要发祥地之一。郦道元对泗水进行考察："余昔因公事，沿历徐、沇，路径洙、泗，因令寻其源流。"（卷二十五《泗水》）他还考察汶水，登泰山，并沿泗水到徐州。

郦道元还对鲁南地区的沂水和沭水进行考察，不仅对沂、沭两河支流有详细记述，还对两河流域人文历史有较多记述，特别是对沭水流经的莒县城的独特结构和规模记述道："其城三重，并悉崇峻，惟南开一门，内城方十二里，郭周四十许里。"（卷二十六《沭水》）我国古代县城有三重结构，而且只有南面一个门，这一独特结构的县城还是首例被记载，也只有实地调查，才能对该城独特结构了解得如此具体。

五、南面：登攀八公勘芍陂，襄阳观瞻孔明居

郦道元足迹所到最南之地在哪里，并不是所有人都明确，现在还有人在传播一些错误认识。如早已有人指出，《水经注》中有关三峡的精彩描写，并非出自郦道元手笔，而是转引别人的著作，主要是引自南朝盛弘之和袁山松的文章。但迄今仍有人认为郦道元亲自考察了三峡，认为《水经注》中有关三峡的描写，是他亲历所见。这些错误认识至今未能纠正和消除，甚至在互联网上还以讹传讹。因此，有关郦道元足迹最南到了哪里，是很有必要予以明确的。

郦道元虽然未到过长江及其以南地区，但他向南到了淮河以南和汉水下游。太和十九年（公元495年）正月，孝文帝南巡，大致经今许昌、漯河、驻马店，沿汝河到淮河，渡淮河到安徽寿县的八公山。太和二十一年八月，孝文帝又亲率大军南征，攻打南阳、新野等地，一直打

51

到汉水。这两次行动可能都有郦道元随从，为他考察汉水下游和淮河流域提供机遇。后来他曾任淮河上游的鲁阳太守，又曾任东荆州刺史，该州州治位于今南阳市东南的泌阳。后来他又作为朝廷特派员去淮河下游处理重要事务。因此，他对淮河流域以及淮河以南地区有过多次考察。

郦道元是否到过襄阳，这个问题是很值得探讨的，因为这关系到《水经注》有关襄阳地区的记载是否可靠可信。对这个问题的回答是肯定的。

根据《水经注》对襄阳地区的记述，有理由认为郦道元到过襄阳。

汉水在《水经注》中被称为"沔水"，汉水流经襄阳城（见图2-4）。《水经注》对襄阳城城西、城内和城东的记述非常详细，而且用明确的数字表示距离。如刘备坠马之处位于城西里余的檀溪水："沔

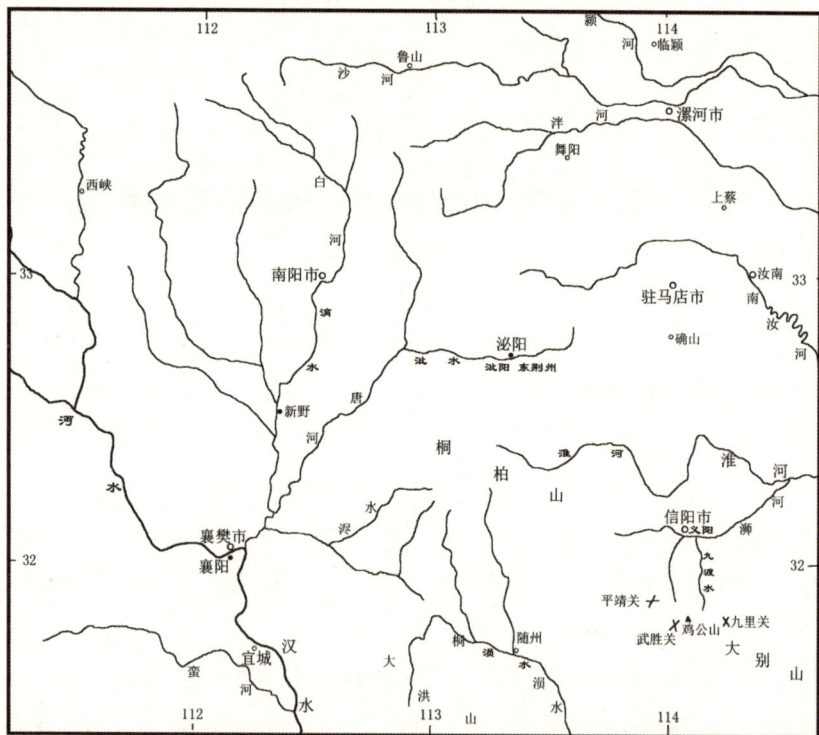

图2-4 郦道元考察最南地区——淮河上游与襄阳及随州地区（宋体字为现代地名，隶书体字为《水经注》地名）。

水又东合檀溪水……水侧，有沙门释道安寺，即溪之名以表寺目也……溪水傍城北注。昔刘备为景升所谋，乘的卢马西走，坠于斯溪。西去城里余，北流注于沔。""的卢"为刘备所乘马之名。释道安为北朝后秦时期著名僧人，后秦最高统治者符坚对释道安很信任，常向他咨询。释道安还编著有《西域志》一书，《水经注》中有关新疆塔里木河部分的描写，有很大部分是取自《西域志》。因此，郦道元对释道安所建的寺庙很关注，该寺名为檀溪寺，是由檀溪水而得名。《水经注》把檀溪水、檀溪寺，以及刘备坠马处等相互之间的空间关系表述得非常清楚，表明这只有郦道元亲自考察这里，才能表述得如此详细而清楚。然后，又记载襄阳城南门道东有三碑："城南门道东有三碑：一碑是《晋太傅羊祜（hù）碑》，一碑是《镇南将军杜预碑》，一碑是《安南将军刘俨碑》，并是学生所立。"对碑的位置和碑的名主记载得非常具体。再如，对刘表墓位置的记载也很具体："城东门外二百步刘表墓，太康中，为人所发……今坟冢及祠堂，犹高显整顿。"再如，对襄阳城东的地理环境和人文情况的记载也非常具体："襄阳城东有东白沙，白沙北有三洲，东北有宛口，即淯水所入也。沔水中有鱼梁洲，庞德公所居。士元居汉之阴，在南白沙，世故谓是地为白沙曲也。司马德操宅洲之阳，望衡对宇，欢情自接，泛舟褰（qiān）裳，率尔休畅。岂待还桂柁于千里，贡深心于永思哉。水南有鹰台，号曰景台。盖刘表治襄阳之所筑也……沔水又径桃林亭东，又径岘山东。山上有桓宣所筑城。孙坚死于此。又有《桓宣碑》……山上又有《征南将军胡罴碑》，又有《征西将军周访碑》。山下水中，杜元凯沈碑处。沔水又东南径蔡洲，汉长水校尉蔡瑁居之，故名蔡洲。洲大岸西有洄湖，停水数十晦，长数里，广减百步，水色常绿。杨仪居上洄，杨颙居下洄，与蔡洲相对，在岘山南广昌里……"（卷二十八《沔水中》）有关襄阳城东的环境和人文情况，还有更多的非常详细的记述。对襄阳记述得如此之详细，表明郦道元在襄阳不是匆匆而过，而是在这里进行了仔细的考察。他对襄阳的记述，应不是道听途说的，而是亲自调查所得，所记载的这些内容应是可信的。

53

  证明郦道元曾去过襄阳是很有意义的。因为《水经注》中记载刘备三请诸葛亮的"三顾茅庐"所在的隆中即位于襄阳城西面："沔水又东径隆中，历孔明旧宅北。亮语刘禅云：先帝三顾臣于草庐之中，咨臣以当世之事。即此宅也。"（卷二十八《沔水中》）关于刘备"三顾茅庐"所在的"隆中"究竟在哪里，存在不同意见。郦道元的这一记载，由于是他亲自来这里考察所了解到的，对确定诸葛亮的"茅庐"和"隆中"位于何处，提供了非常重要的证据。

  证明郦道元亲自来过襄阳考察的重要之处还在于《水经注》关于随州神农出生地的记述。涢水支流㵎（liáo）水源头地区也是传说的神农氏出生地之一，这里位于今湖北省随州东北的桐柏山地，地处湖北与河南两省毗邻地带。《水经注》对这里的描写很详细、具体："㵎水北出大义山，赐水入焉。水源东出大紫山，分为二水。一水西径历乡南，水南有重山，即烈山也。山下有一穴，父老相传，云是神农所生处也，故《礼》谓之烈山氏。水北有九井，子《书》所谓神农既诞，九井自穿，谓斯水也。又言汲一井则众水动。井今堙塞，遗迹仿佛存焉。亦云赖乡，故赖国也。有神农社。赐水西南流入㵎水。"关于这一段文字，《水经注疏》的注疏者之一熊会贞认为是引自盛弘之的《荆州记》[1]。实际上，此段文字虽然有部分是引自盛弘之的《荆州记》，但很可能是郦道元亲自考察过这里并又参考多部文献撰写而成。郦道元曾任东荆州刺史，州治位于比阳县古城，距离㵎水源头不很远。同时，他又曾来过襄阳考察，因此，他来随州考察神农出生地是很有可能的。

  南阳地区属汉水流域。郦道元多次来过南阳地区。《水经注》中有关南阳城的情况记载了很多内容，是有关南阳城的最早记录，对于了解南阳城的历史有重要价值。今天流经南阳的白河，《水经注》中称淯水。郦道元对该河及其支流有许多精彩描写。如对淯水上游支流鲁阳关水所流经的鲁阳关的描写非常精彩，是郦道元亲自考察这里的真实观感。

[1] 郦道元注，杨守敬、熊会贞疏，段熙仲点校，陈桥驿复校，《水经注疏》，江苏古籍出版社，1989年，卷三十二《㵎水注》，2656页。

郦道元还对淮河及淮河以南地区进行广泛考察。

郦道元探淮河之源，观淮源庙。他不仅为我们留下了有关淮河源头最早的记述，他的记载还表明，在郦道元以前很早，淮河流域人民就已对这条大河进行祭祀了。

他对淮河干流的考察，最值得提及的是对位于今蚌埠地区的禹聚和禹墟的考察。《水经注》中记载这里有关大禹的诸多传说和民俗文化，应是郦道元在此亲自了解到的，对于研究我国上古文明史是极为珍贵的记录。

郦道元考察了淮河南侧的若干支流，其中有信阳地区的鸡公山。鸡公山在《水经注》中被称鸡翅山，淮河南侧的一条支流九渡水发源于鸡公山。《水经注》对九渡水有精彩描写："淮水又径义阳县故城南……有九渡水注之，水出鸡翅山，溪涧漾委，沿溯九渡矣……于溪之东山有一水，发自山椒下数丈，素湍直注，颓波委壑，可数百丈，望之若霏幅练矣，下注九渡水。九渡水又北注于淮。"（卷三十《淮水注》）如此生动具体的描写，应是郦道元亲自考察的体验。义阳即今信阳，鸡翅山今称鸡公山，因其山峰形态奇特，颇似昂首的雄鸡头而著称。鸡公山西侧的武胜关，是从中原到湖广必经之隘口。在武胜关隘谷远望鸡公山，酷似一卧着的雄鸡，尤其山峰酷似昂首的雄鸡头（见照片2-9）。郦道元可能多次经过武胜关，远眺鸡公山形态奇特的山峰。九渡水河谷是从北侧攀登鸡公山的必经之地，谷地曲折，今天仍是溪流潺潺，植被茂密。郦道元所描写的"溪涧漾委，沿溯九渡矣"简练而真实地反映了九渡水谷地景观特点。

流经六安县古城西的淠水，是郦道元亲自考察的淮河南侧另一条重要支流。他的考察了解到，大禹少子封地皋陶国位于此，这里还有皋陶墓冢（卷三十二《沘水》）。此记载对于研究夏文化的地域分布具有重要意义。沘水即淠水。

芍陂是淮河流域著名水利工程，为春秋时期楚国国相孙叔敖主持修建，其历史要比都江堰还要早约300年。《水经注》对芍陂有详细记述，芍陂之水源于淠水，同时淝水与芍陂"更相通注"，有着复杂的关系，并对芍陂的范围、与寿春（位于今寿县）的距离，以及有五个泄水之口等都有所记述，是历史上有关芍陂最早的较详细记录（卷三十二《淝水》）。如此详细的记录表明，郦道元亲自来到芍陂考察。《水经注》有关芍陂水利工程的记述，是今天研究芍陂历史的宝贵记录。

淝水虽然并不是淮河的较长支流，但因历史上著名的淝水之战发生在这里，使该河著称于世。淝水之旁还有八公山，该山因传说曾有八位仙人与汉高祖刘邦的孙子刘安一起升天而著称。郦道元考察了淝水，攀登了八公山。郦道元来此，看到有庙和庙里供奉刘安及八位仙人的塑像。但郦道元根据《汉书》的记载，指出刘安并未升天，而是因反叛被诛："（刘安与八公）白日升天……其所升之处，践石皆陷，人马迹存焉，故山即以八公为目。余登其上，人马之迹无闻矣，惟像存焉。庙中图安及八士像……按《汉书》，安反，伏诛。"淝水之战是东晋名将谢玄打败北朝苻坚的著名战役。传说谢玄之所以打败苻坚，是因为有八公山上八公神灵之助。郦道元驳斥了这种说法，指出并不是八公神灵之助："昔在晋世，谢玄北禦苻坚，祈八公山，及置阵于淝水之滨，坚望山上草木，咸为人状，此即坚战败处。非八公之灵有助，盖苻氏将亡之惑也。"（卷三十二《淝水》）

郦道元对联系淮河与长江之间运河的考察，留下了有关淮河与长江间水文关系以及对此段运河开通历史的极有价值的记录。

六、西南：秦岭山中探古道，汉中盆地访古迹

郦道元在西南方向最远到过哪里？根据对《水经注》记载内容的详略程度进行分析，郦道元翻过了秦岭，到了汉中地区，考察了嘉陵江上

游支流西汉水和汉水的源流。

嘉陵江上游支流西汉水的源流又被称为漾水。在郦道元之前的文献，将漾水和汉水的关系混为一谈。有许多文献将漾水视为汉水源流。如《禹贡》、晋代常璩《华阳国志》、十六国时期的阚骃《十三州志》等著作，都把漾水当作汉水源流。甚至《水经》对嘉陵江上游与汉水上游的关系也未表述清楚。《水经注》则是第一部把两者之间的关系阐述得非常清楚的著作。《水经注》明确指出，漾水不是汉水源流，而是嘉陵江上游支流之一。郦道元之所以把两者关系阐述得清楚，应是他亲自对此二河源流进行考察的结果。郦道元第一个把嘉陵江与汉水两者上游的关系阐述清楚，两者上游是互相没有关系的两条河流。这是一个具有重要地理学意义的问题，本书将在后面进一步提到。

《水经注》有关嘉陵江上游支流西汉水的记述非常详细、具体而生动。首先，《水经注》记载的西汉水的支流非常多。如西汉水从其源头嶓冢山到祁山，仅有约70华里，却记载了16条支流，还不包括支流的支流。其描写具体之处还表现在，有多处用具体数字表述距离。如对西汉水支流盐官水的记述："右则盐官水注焉。水北有盐官，在嶓冢西五十许里，相承营煮不辍，味与海盐同。"此段描写不仅清楚地表述了盐官所在地与嶓冢山的距离，还描写了这里生产岩盐的情况和岩盐的味道。此外，对西汉水及其支流的河道方向记载非常明确，如对西汉水源头支流峡石水的记述："（峡石水）水出苑亭西草黑谷，三溪西南至峡石口，合为一渎，东南流，径西县故城北。"（卷二十《漾水》）精炼的几句，把峡石水的源头、有三条支流、流向及与西县故城的空间关系，表述得清清楚楚。

位于西汉水上游的祁山以及与祁山毗邻的南岈北岈诸山，在三国时期诸葛亮与曹魏军事争夺中处于重要地位。郦道元对这里的军事地理形势和与诸葛亮有关的军事遗迹进行考察："汉水北，连山秀举，罗峰竞峙，祁山在嶓冢之西七十许里，山上有城，极为严固。昔诸葛亮攻祁山，即斯城也。汉水径其南。城南三里，有亮故垒，垒之左右，犹丰茂宿草，盖亮所植也……汉水又西，径南岈北岈之中，上下有二城相对，左右坟垄低昂，亘山被阜。古谚云：南岈北岈，万有余家。诸葛亮《表》言，祁山去沮县五百里，有民万户。瞩其邱墟，信为殷矣。"（卷二十《漾水》）此段描写明显表明郦道元亲自到此考察古城遗址。文中的"诸葛亮《表》"，是指诸葛亮的《出师表》。祁山在今西和县西北部。

《水经注》对嘉陵江上游的另一支流"故道水"也有详细记述。故道水发源于大散岭。大散岭当为大散关所在的山地。大散关位于宝鸡西南，是古代关中四关之一。古代从关中地区穿过秦岭到四川盆地的一

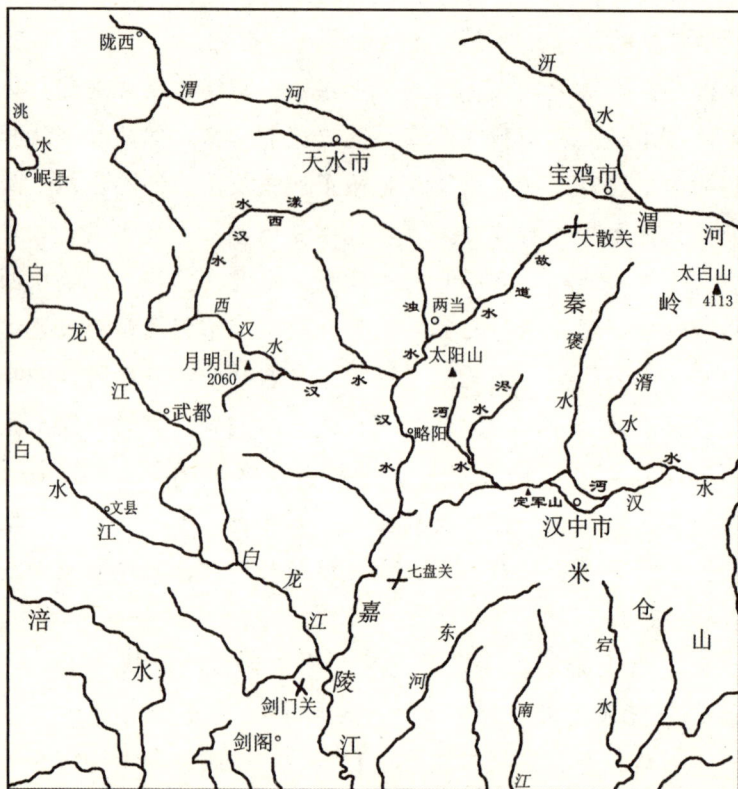

图2-5 嘉陵江上游与汉水上游水系图（宋体字为现代地名，隶书体字为《水经注》中地名）。

条著名的通道陈仓道即经过大散关。"明修栈道，暗度陈仓"的典故，说的是汉高祖刘邦与项羽争战，明修栈道以迷惑项羽，暗中通过陈仓道调动军队。"明修栈道"是指"褒斜道"，南起汉中的褒水谷地的褒谷口，北起关中眉县西南的斜谷口，经由秦岭南侧的褒水谷地和秦岭北侧的斜水谷地的一条通道，但中间要经过一段栈道和石门隧道，因此，是一条非常艰险的通道。褒斜道与陈仓道都是古代沟通四川与关中地区的重要通道。陈仓道则是沿故道水河谷通行（见图2-5）。

"故道水"与其支流尚婆水汇流之处的圣女峰，《水经注》亦有精彩描写："故道水又西南，入秦岗山，尚婆水注之。山高入云，远望增状，若岭纡曦轩，峰枉月驾矣。悬崖之侧，列壁之上，有神像若图，指状妇人之容。其形上赤下白，世名之曰圣女峰。"（卷二十《漾水》）文中的秦岗山，大致位于两当县城东南。如此精彩而详细的描写，也应是郦道元亲自考察的证明。

《水经注》对嘉陵江上游的西汉水和故道水两条支流，以及一直到剑门关的嘉陵江干流，记述得都非常详细。但对剑门关以南，特别是阆中以南的嘉陵江干流及其支流，以及沿线地貌和人文地理等的内容，记载很简略。如嘉陵江在川北的一条很大支流涪江，流经绵阳，流域有精彩的自然景观和丰富的历史文化。涪江发源于青藏高原，上游有诸多峡谷；涪江流经的绵阳城古代称涪城，三国时刘备入蜀，最初落脚于涪城，刘璋在涪城举行盛大欢迎宴会欢迎刘备入蜀，"欢宴百余日"；到三国晚期，蜀国名臣蒋琬驻守涪城，最后病死于此。今天绵阳仍有蒋琬墓。最后，魏国大将邓艾出奇兵，突袭进入绵阳西北的江油关。江油关也位于涪江流域，邓艾夺取江油关后，再进兵成都，蜀后主刘禅投降，蜀国灭亡。发生在涪江流域的如此众多的大事件，在《水经注》中有关涪水只记载寥寥几句。这与对剑门关以北嘉陵江上游的西汉水和故道水二河记述的详细程度形成鲜明的对照。这一鲜明对照意味着郦道元沿着嘉陵江向南可能不超过剑门关。

郦道元还亲自考察了汉水上游。汉水在《水经注》中被称为沔水。

汉水源头的支流沔水流经张鲁城，《水经注》对张鲁城有详细描写："周回五里，东临浚谷，杳然百寻。西北二面，连峰接崖，莫究其极。从南为盘道，登陟二里有余。"记载汉水上游两侧与诸葛亮有关的诸多遗迹，如武侯垒、亮垒、定军山等，记载诸葛亮死后葬于定军山："诸葛亮之死也，遗令葬于其山，因即地势，不起坟垄，惟深松茂柏，攒蔚川阜，莫知墓茔所在。山东名高平，是亮宿营处，有亮庙……营东即八阵图也。遗基略在，崩褫难识。"此段文字，明显表明郦道元亲自来此考察。

嘉陵江上游和汉水上游河谷，在三国时期曾是蜀国的重要军事前沿地区，诸葛亮曾在这一地区布设了大量军事设施。郦道元对嘉陵江上游和汉水上游的考察，对诸葛亮的这些军事设施予以特别关注，可能与北魏孝文帝要统一全国的雄心壮志激发了郦道元对军事地理的关注。他留下的这些翔实生动的记述，对今天汉中地区三国文化和古蜀道文化的开发，具有重要意义。

《水经注》对汉中以上的汉水，记述得很详细，内容很丰富。但对南郑以下的汉水，特别是对南郑东面小城固以东的汉水的描写，或引《汉中记》，或引左思《蜀都赋》，表明自此以东，郦道元未能亲自考察。

郦道元足迹所到最西、最北、最东北、最东、最南和最西南的广大范围内的北方地区，包括黄河中下游干流和汾河、渭河、伊洛河、沁河诸河、海滦河诸河流域，以及淮河流域的广大地域的绝大部分地区都留下他跋涉的足迹，成为《水经注》中记载内容最丰富、可靠程度最高的部分。

第三章

深情系九州

郦道元充满深情地描写中华大地。尽管他所处年代为南北分裂的南北朝时期，但不论是对北方还是南方，他都充满深情予以描写。他对九州大地的深情又表现出三个层次：一是对生他和养育他的故乡的热爱；一是对他所亲自考察过的北方广大地区的热爱；一是对他没有机会考察但非常向往的南方的热爱。对这三个地区的深情都在他的笔下有所表露。

一、深情系故乡，故乡丰美妙笔绘

郦道元满怀深情来描写他的家乡。热爱家乡是中华民族传统文化的重要内容。"月是故乡明"，是炎黄子孙挥之不去的情感。郦道元的故乡，范阳郡涿县郦亭，位于今天的河北省保定市涿州境内。虽然他青少年时期因其父职务的频繁调动，在家乡居住的时间可能很短，但他对家乡自然景色的热爱之情溢于笔端："巨马水又东，郦亭沟水注之。水上承督亢沟水于遒县东，东南流历紫渊东。余六世祖乐浪府君，自涿之先贤乡，爱宅其阴。西带巨川，东翼兹水，枝流津通，缠络墟圃，匪直田渔之赡可怀，信为游神之胜处也。其水东南流，又名之为郦亭沟。又东，径容城县故城北，又东，督亢沟水注之。水上承涞水于涞谷。引之则长津委注，遏之则微川辍流，水德含和，变通在我。东南流径遒县北，又东径涿县郦亭楼桑里南，即刘备之旧里也。"（卷十二《巨马河》）巨马河今天仍称巨马河。郦道元的六世祖建宅位于巨马河与郦亭沟水之间，西临巨马河，东为郦亭沟水。二河之间，有众多沟渠相沟通，沟渠之间有房舍和菜园畦田，"缠络墟圃"。他对故乡的每一条沟渠和每一块田园都寄予深情。在郦道元的笔下，他的故乡是一片多么美好的地方啊，这里不仅可田可渔，是鱼米之乡，而且还是游览的胜地，家乡的富饶和美丽被描绘得淋漓尽致。督亢泽，战国时期燕国太子丹派荆轲刺秦始皇，以献地图为名暗藏匕首，"图穷匕首见"的典故即出于此，所献地图即督亢地图。可见，督亢泽在战国时期也是一个很富庶和风景很好的著名的地方。

山东青州是郦道元父亲任地方官的地方。少年时期的郦道元随其父居住青州，青州应是郦道元的第二故乡。青州周围自然环境给他留下美好记忆，他作了深情描写。如他对巨洋水支流熏冶泉水的描写："巨洋水自朱虚北入临朐县，熏冶水注之。水出西溪，飞泉侧濑……水色澄明，而清冷特异。渊无潜石，浅镂沙文，中有古檀，参差相对。后人微加功饰，以为嬉游之处。南北邃岸凌空，疏木交合。先公以太和中作镇海岱，余总角之年，侍节东州，至若炎夏火流，闲居倦想，提琴命友，嬉娱永日。桂笋寻波，轻林委浪，琴歌既洽，欢情亦畅，是焉栖寄，实可凭衿。小东有一湖，佳饶鲜笋，匪直芳齐芍药，实亦洁并飞鳞。其水东北流入巨洋，谓之熏冶泉。"（卷二十六《巨洋水》）巨洋水今称弥河，熏冶泉位于临朐县西南二十五里海浮山下。巨洋水发源于临朐县，向北经今青州市和淄博市之间流过，在寿光与潍坊之间入海。熏冶泉水的得名，是因古代这里有管理冶炼的官衙。这里的景色被郦道元描写得多美啊，泉水、飞瀑、水潭、溪流、神祠、树木等构成一幅美丽图画，描写得细致入微，充满深情。"先公"为郦道元对自己父亲的称谓。文中称其父在太和年间曾在海岱地区任地方官，是指任青州刺史，当时正是郦道元的总角之年，即少年时期。炎夏之时，郦道元和小朋友们来此，在微波溪流之畔，桂竹疏林之间，弹琴纵歌，整日纵情欢娱，这里真是游玩的好地方啊。

位于青州附近的阳水也是郦道元少年时期经常游玩的地方。阳水是淄水支流浊水的支流。后来郦道元离开这里，多年之后，受北魏朝廷派遣来此处理公务，借此机会和他少年时期的朋友郭金、紫惠、石井诸人结伙来该溪水旁，赋诗欢歌，整日游乐，极为开心："余生长东齐，极游其下，于中阔绝，乃积绵载。后因王事，复出海岱。郭金、紫惠同石井，赋诗言意，弥日嬉娱，尤慰羁心。"（卷二十六《淄水》）阳水是一条小溪，而且还时有断流，即使是这样的一条小河，郦道元也有如此深厚的感情，在他的笔下，这里不仅是嬉游的胜处，也是禅修的净土："阳水东径故七级寺禅房南……所谓修修释子，眇眇禅栖者也。"这里的一山一水，一草一木，乃至一处僧人的僧房，他都寄予深情。

二、深情系北国，北国山川壮美赞

郦道元不仅对家乡和少年时期游玩之地作了深情描写，而且对他亲自考察的许多地区也作了深情描写。

黄河在洛阳北面的孟津由崇山峻岭中流出，在郑州西北完全进入平坦无垠的华北大平原。景明年间（公元500—504年），郦道元利用到寿春公差的机会，登上位于郑州西北广武山之上的虎牢关城，观看黄河进入华北大平原的壮观景象："景明中，言之寿春，路值此邑，升眺清远，势尽川陆。羁途游至，有伤深情。"（卷五《河水五》）寿春即今天安徽省淮河之南的寿县，景明为北魏世宗宣武帝元恪的年号。查《魏书·世宗宣武帝纪》，景明期间，与寿春有关的事件有三次：一次是在景明元年正月"丁未，萧宝卷豫州刺史裴叔业以寿春内属，骠骑大将军、彭城王勰帅车骑十万赴之。二月戊戌……陈伯之水军泝淮而上，以逼寿春。"萧宝卷为南朝齐的君主，裴叔业原为南朝齐的官员，景明元年投降北魏，并将寿春献给北魏。陈伯之是南朝的将领，他统帅水军进攻寿春；一次是在景明元年冬十月"甲午，诏寿春置兵四万人"；第三次是景明四年夏六月"丙戌，发冀、定、瀛、相、并、济六州二万人、马千匹，增配寿春"。郦道元去寿春，可能与这三次事件中的某一次有关，但不管是与其中哪一次事件有关，他去寿春要处理的事务可能都是与军事问题有关。北魏时期，位于淮河南侧的寿春，一直就是北魏与南朝军事对峙的前沿地带。郦道元登上广武山上的虎牢关城，看到大河在华北大平原上浩荡东去，延伸到天际，他被这壮观的自然景观深深地吸引。但要到寿春去处理一项与那里的军事有关的问题，使他颇为伤感。他为什么伤感呢？很可能，到寿春去执行的公差是他所不情愿的。当时寿春正处在北魏与南朝对峙之中，这一对峙导致景色无限美好的中华大地形成南北分裂的状态，他是多么希望南北能统一，他不仅能观看到黄河进入大平原的壮观景象，他还希望能看到江南的秀丽景色。想到因南北分裂而不能到江南去看那里的秀丽自然风光，因而"有伤深情"。文中的"羁途"意为执行公务之行。

山东汶水源头的莱芜谷和出谷后的平邱，郦道元亲历其地，对这里充满深情："（莱芜谷）饶松柏，林藿绵蒙，崖壁相望，或倾岑阻陉，或回岩绝谷，清风鸣条，山壑俱响，凌高降深，兼惴（zhuì）憟（piāo）之惧，危蹊绝径……未出谷十余里，有别谷在孤山。谷有清泉……又有少许山田，引灌之踪尚存。出谷，有平邱，面山傍水，土人悉以种麦，齐人相承以殖之，意谓麦邱所栖愚公谷也。何其深沉幽翳（yì），可以托业怡生于此也！余时径此，为之踟蹰（chíchú），为之屡眷矣。"（卷二十四《汶水》）文中的"平邱"，即顶部平坦的岗地，这里环境幽静，是居住和养生的好地方啊。郦道元经过这里，舍不得离开，并每每为之眷顾思恋。此段的描写，是《水经注》中对神州大地最为深情的描写。

总之，对北方的许多山川，郦道元都予以深情的赞美。在郦道元的笔下，广大的北方地区，特别是自然条件较严酷、生态环境较恶劣的西北广大地区，也都呈现出壮美的景象。

三、深情系江南，江南秀美心向往

自晋代以后，中华大地处在南北分裂状态。北方经历了五胡十六国，后来鲜卑族的一支拓跋鲜卑统一了北方，建立了北魏朝；南方则经历东晋、宋、齐、梁、陈几个朝代。历史上将这一时期统称为南北朝时期。郦道元时期，江南先后为南齐和梁两个朝代。当时，北方和南方已长期处在敌对的对峙状态，战争不断，摩擦不断。虽然郦道元为之服务的北魏政权力图征服南方，统一九州，而且北魏政权也竭力将其打扮成正统，即使在这样的情况下，郦道元对江南地区并没有敌意。《水经注》中对江南地区的描写，并没有用任何有敌意或贬义的词汇，诸如贼、匪之类的词汇，凡是涉及江南地区王朝年代，《水经注》中都没有用北魏帝王年号，而都是直接用南朝的帝王年号。浙江大学陈桥驿教授关于郦道元对江南地区流露出的情感有精辟的论述，指出："在《水经注》的撰述中，在这方面已经没有明显的政治倾向。要说政治倾向，当然也可以说有，那就是他通过此书的撰述，诚挚而热情地表达了他的祖国大一统愿望。在当时，南北存在着两个敌对的王朝，尽管他自始至终一直忠诚于北朝，但是在《水经注》的文字中，毫无这种思想感情的流露。虽然南北分裂的现实不容改变，但他的著作绝不以南北为鸿沟。甚至在许多地方使用南朝的年号。他的这一举动，竟使清初的郦学家为之愕然。"[1]

虽然郦道元无缘到江南和四川地区考察，但江南地区秀丽壮美的自然风光和丰富多彩的历史文化对郦道元来说，有极大的吸引力，在《水经注》的字里行间，直接流露出他对江南地区的向往和深情。

---

[1]陈桥驿，《郦道元评传》，南京大学出版社，1994年，37页。

如对地处南朝政权范围内的庐山的描写："（庐山）其山川明净，风泽清旷，气爽节和，土沃民逸……秦始皇、汉武帝及太史公司马迁咸升其岩，望九江而眺钟、彭焉。"（卷三十九《庐江水》）彭即彭泽，又称彭蠡（ǐ）之泽，都是古代对鄱阳湖的称谓。郦道元流露出对秦皇、汉武和司马迁等登庐山而眺望鄱阳湖的十分羡慕之情。

《水经注》中的夷水，今称清江，位于湖北省西南部，在宜都附近注入长江。由于夷水流经的两侧都是石山，没有土山，两岸植被茂密，所以河水极清，清澈见底，俯视河水，水中的鱼儿好像悬在半空中。有关夷水的描写，虽然是引自南朝袁山松的《宜都山川记》，但也流露出郦道元的向往之情："夷水又径宜都北，东入大江……水所经皆石山，路无土岸，其水虚映，俯视游鱼，如乘空也。浅处多五色石，冬夏激素飞清，傍多茂木空岫，静夜听之，恒有清响。百鸟翔禽，哀鸣相和，巡颓浪者，不觉疲而忘归矣。"（卷三十七《夷水》）

《水经注》中的钱塘江支流谷水是今富春江上游段的衢江，谷水的支流定阳溪水景色优美，两岸生长茂密的细竹、花草和树木，河水清澈，湍急的河水发出哗哗的声响，极富山水情趣。郦道元流露出向往之情："（定阳溪水）夹岸缘溪，悉生支竹，及芳枳木连，杂以双菊金橙。白沙细石，状如凝雪。石溜湍波，浮响无辍，山水之趣，尤深人情。"（卷四十《浙江水》）定阳溪水是今衢州市的马金溪。若不是当时因南北政权的分裂，郦道元无疑会亲自去考察这里的秀美山川。

《水经注》有关江南河流的描述中，有几处最为精彩，其中有对长江三峡巫峡的精彩描写和有关西陵峡的精彩描写（卷三十四《江水二》），以及有关浙江浦阳江在始宁县成功桥以下河段的精彩描写（卷四十《浙江水》）。这几处描写分别是引自南朝盛弘之的《荆州记》和袁山松的《宜都山川记》，以及南朝著名文人谢灵运的《山居记》。郦道元大量引用他们的描述，不仅体现他对江南地区自然景观的向往和深情，也表现出他对江南文化的喜爱和钟情。此外，《水经注》中记载有关江南地区其他河流的内容，还大量引用南朝其他文人的有关地志和文学著作中的精彩描写。对江南文人的著作大量引用，也充分表现出郦道元本人的情趣取向，体现出他对江南这片土地和文化的深情。

第四章

时代前沿的自然观
和科学精神

　　郦道元之所以能撰注《水经注》这部千古不朽的伟大地理著作，还与他有站在时代前沿的自然观和科学观有关。他的科学自然观和科学精神表现在多方面。初步归纳，他的科学自然观主要表现在两方面：以变化的视角观察地理环境，确立变化的自然观；明确认识到自然规律不可违抗，应顺从自然规律，追求人与自然的和谐。他的科学精神亦可归纳为三方面：对许多现象能用自然规律来解释，而不是用鬼神之类的迷信来解释；有严谨科学的工作方法和求实的态度；不迷信前人，对前人的错误大胆纠正，开创新的治学之风。

一、确立变化自然观，重视变化第一人

　　在人类认识自然的历史上，曾存在两种观念，一种观念将自然界看作是静止不变的，另一种观念认为自然界是在不断运动和变化之中。中华民族很早就认识到自然界在不断变化。如《诗经》中就有"高岸为谷，深谷为陵"①的认识，其意为高的地方可以变为谷地，而深深的河谷可以变为丘陵或山地。我国古代的五行学说也包含对自然界存在变化的认识。但我国古代对自然界变化的认识长期停留在灾害的视角上，而且是"天人感应的灾害学"的视角上，即自然界的各种现象都是与人类社会发生的事件相关联，或者是人类社会发生的各种事件的反映，或者是对人类社会发生的各种事件的警示。五行学说后来发展成为这种"天

---

①《诗经·小雅·十月之交》。

73

人感应的灾害学"。这种自然观在班固的《汉书·五行志》中发展到极端。虽然班固的《汉书·五行志》中包含大量的有关自然灾害的记录，对今天的许多自然科学，包括天文学、气候学、地质学和地理学，乃至灾害学等学科的研究有重要价值，但该篇把自然界中的各种异常现象，包括各种天象，以及旱灾、水灾和动物异常等各种自然现象都看作是由人类社会的各种事件感应的结果，或是对人类社会的警示。

郦道元是中国历史上明确指出自然界存在巨大变化的第一人。正是基于这种认识，他才深感有必要把这种变化记录下来，促使他撰注《水经注》。如他在《水经注》原序中指出："但绵古芒昧，华戎代袭，郭邑空倾，川流戕改，殊名异目，世乃不同……"①其大意是，由于时代久远，中原的华夏民族与少数民族频繁的迁徙，城郭废弃，河道变迁，古今地名也发生变化。古代的情况，今天已感觉茫然无知了。像他这样深刻指出人文和自然的变化，可以说前无古人。正是由于有这种观念，他特别关注自然现象和人文要素的变化，并将其记录下来。如他对善变的黄河下游河道的历史变迁特别关注，包括对《禹贡》记载的河道和《汉书·地理志》记载的黄河下游河道都进行了仔细的考察和考证。除黄河以外的其他河流的变迁，在《水经注》中也多有记载。

郦道元还在《水经注》中多处对历史上河道变化之大发出感慨。如河南洛阳东面巩县境内的湨（jú）水，在《山海经》中记载发源于黄山。皇甫谧《帝王世纪》一书认为黄山即东首阳山，郦道元经考察指出，没有河流发源于东首阳山，可能是古今自然界发生变化，河道与流域环境发生变化："河水又东，湨水入焉。《山海经》曰：和山，上无草木而多瑶碧，实惟河之九都，是山也五曲，九水出焉，合而北流，注于河。其阳多苍玉，吉神泰逢司之，是于黄山之阳……皇甫谧《帝王世纪》以为即东首阳也。盖是山之殊目矣。今于东首阳山，无水以应之，当是今古世悬，川域改状矣。"（卷五《河水五》）东首阳山位于巩县

---

① 《水经注原序》，见：陈桥驿校证，《水经注校证》，中华书局，2007年。

西北。《山海经》记载的溴水发源于苂山之阳，即苂山的南面，郦道元所考察的东首阳山没有河流，这也可能是由另外一种情况造成的，即苂山不是东首阳山，皇甫谧将苂山比对为东首阳山可能是搞错了，不一定就是因为河道或流域环境发生变化的结果。但郦道元能从自然环境变化的角度来解释这一问题，可见有关自然界变化的观念在他的脑海里已是根深蒂固。

发源于河南济源县的济水，在温城北面流过。郦道元在这里考察了解到，在王莽时这里的济水曾发生枯竭，后来虽然又有水流，但河道发生变化，他对这里自然界变化之大颇有感慨："济水当王莽之世，川渎枯竭，其后水流径通，津渠势改。讯梁脉水，不与昔同。"（卷七《济水一》）温城位于今河南省焦作市域。

河南南阳地区的白水河道在晋代至北魏时期也发生变化。晋代的应劭记载朝阳县城在白水之阳（即朝阳县城在白水之北）。郦道元在实地调查后指出，白水已不流经朝阳县南，而是流经其北。郦道元在指出白水的这一变化后，对地理环境的变化发出感慨："应劭曰：县在朝水之阳。今朝水径其北而不出其南也。盖邑郭沦移，川渠状改，故名旧传，遗称在今也。"（卷二十九《白水》）应劭所说的朝水即白水。

洛水流经偃师城（位于河南洛阳东）东之后，接纳一条支流郭水，又名温泉水。该水水侧有僵人穴，穴中有僵尸。对于此僵尸，郦道元指出："夫物无不化之理，魄无不迁之道。"（卷十五《洛水》）其核心意思是，凡是物质没有不变化的。渭水支流的"就水"之畔有大冢，世谓之老子陵。郦道元对老子陵也发出同样的感慨："（老子）是非不死之言。人禀五行之精气，阴阳有终变，亦无不化之理。"（卷十八《渭水中》）其大意义是，老子也不是传说的那样不死啊，人是靠五行的精气，也是有变化的，没有不变化的道理。虽然用五行之说来解释人体的变化实属牵强，但指出事物没有不变化的道理却是对自然界万物都存在变化的深刻认识。

郦道元在《水经注》中还多处记载原来有水的河流"今无水"，表

明他对自然界中最重要的要素——水的变化非常关注。

应当指出，《水经注》一书中有多处流露出天人感应的思想。如关于战国时期渭水的两次水色变红的解释："渭水又东径槐里县故城南县，古犬邱邑也，周懿王都之，秦以为废邱……《史记·秦本纪》云：秦武王三年，渭水赤三日。秦昭王三十四年，渭水又大赤三日。《洪范五行传》云：赤者，火色也，水尽赤，以火沴水也。渭水，秦大川也。阴阳乱，秦用严刑败乱之象。"（《水经注》卷十九《渭水下》）秦武王三年为公元前308年，秦昭王三十四年为公元前273年。类似用天人感应来解释一些自然灾异的例子在《水经注》还有多处。这是受其所处时代的局限。但对自然界存在变化的认识是他自然观的主流。

二、自然规律不可违，天人和谐自然观

遵从自然规律，秉执天人和谐的自然观在中华传统文化中早已有之，是中华传统文化的重要组成部分。郦道元继承了这一自然观，在《水经注》中多处表现出他的这种自然观。

浮山位于淮河下游的南岸，河的北岸还有一座石山。南朝梁武帝时，在二山之间筑堰拦住淮河之水来淹寿春，其筑的堰最后被淮河冲毁。郦道元认为这一行为违背自然规律，伤天害理，自然要被冲毁："淮水又东径浮山，山北对巉（chán）石山。梁氏天监中，立堰与二山之间，逆天地之心，乖民神之望，自然水溃坏矣。"（卷三十《淮水》）据《梁书·康绚传》记载，天监十四年（公元515年），在浮山筑堰，以灌寿阳，堰未成，淮河大水，堰被冲坏。后又继续筑，虽然终于筑成，最后还是被淮河大水冲坏。《水经注》所记载的筑堰之事，可能就是天监十四年的筑堰。梁氏天监为南朝梁武帝年号，为公元503—519年。

位于今河南省信阳东面淮河南侧的慎水，在西汉时流经几个陂湖。西汉成帝时期大雨，这几个陂湖多次发生水灾。有一个叫翟方进的地方官员，将这几个陂湖毁掉，后来东汉初期的地方官邓晨又恢复了这几个陂湖。《水经注》对这一事情的记述，表达了郦道元尊重自然的思想，即毁掉陂湖是违背自然规律，恢复陂湖则遵从自然规律："慎水又东流，积为燋陂。陂水又东南流为上慎陂，又东为中慎陂，又东南为下慎陂，皆与鸿郤陂水散流。汉成帝时，翟方进奏毁之。建武中，汝南太守邓晨欲修复之。知许伟君晓知水脉，召与议之。伟君言：成帝用方进言毁之，寻而梦上天，天帝怒曰：何故败我濯龙渊？是后民失其利。是有童谣曰：败我陂，翟子威，反乎覆，陂当复。明府兴复废业。童谣之言，将有徵矣。遂署都水掾（yuàn），起塘四百余里，百姓得其利。"（卷三十《淮水》）"都水掾"为管理水利的官职。郦道元在这里借用天帝托梦和童谣来说事，今天看来有些无稽之谈。但在古代，利用这种带有神话色彩的故事来说事，不啻是一个很好的方式，来警示人们不要违背自然规律，否则要遭到大自然的惩罚。

人与自然、人与环境的和谐，也是郦道元追求的一种境界。《水经注》对济南大明湖及湖西侧的大明寺和湖中鱼的描写中，表达了郦道元的人与自然和谐的思想追求："济水又东北，泺水入焉。水出历城县故城西南，泉源上奋，说涌若轮……其水北为大明湖，西即大明寺。寺东北两面侧湖，此水便成净（jìng）池也。池上有客亭，左右楸桐，负日俯仰，目对鱼鸟，水木明瑟，可谓濠梁之性，物我无违矣。"（卷八《济水二》）这一段话，是《庄子·秋水篇》中《庄子与惠子游于濠梁之上》中的庄子与惠子的一段对话。"濠梁"为濠水上的桥梁，庄子与惠子在此桥上游览，观看濠河中的鱼儿。该段对话说的是庄子说他知道河水中的鱼儿很快乐，惠子则问道，何以知道河水中的鱼儿很快乐。庄子与惠子的这段对话，在论述有关庄子思想的论著中，都将其解释为是庄子的诡辩才能，但郦道元在这里借用这段对话表达的是人与水中鱼儿互不干扰，人与自然和谐相处，是一种乐趣，是一种境界。

三、自然处处是美景，唯美自然开新风

郦道元是大自然爱好者。我国当代郦学泰斗浙江大学陈桥驿教授对郦道元热爱大自然亦有精辟论述："郦道元也是一位十分热爱中国大自然的人。对祖国大自然的无比热爱，这是除了大一统思想以外，郦道元爱国主义思想的另一重要内涵。"①

对大自然的热爱，在中华传统文化中由来已久。在郦道元之前的南朝一些文人就以他们优美的文笔，描绘出对大自然的热爱。如盛弘之对三峡之巫峡的描写，谢灵运对浙江浦阳江的描写。后者更是以他优美的文笔描写江南的秀美自然景观，博得后人将其称为"山水文学鼻祖"的美誉，在中国文学史上享有很高荣誉。在中华传统文化中，对大自然的热爱还表现出一个非常突出的特点，就是在一般人看来是非常危险和可怕的地方，在大自然热爱者们看来却是壮美无比。南朝文人袁山松对此表述得非常有代表性。《水经注》在写到长江三峡的西陵峡时，引述袁山松的一段话："山松言：常闻峡中水疾，书记及口传，悉以临惧相戒，曾无称有山水之美也。及余来践跻此境，既至欣然，始信耳闻之不如亲见矣。其叠崿秀峰，奇构异形，固难以辞叙，林木萧森，离离蔚蔚，乃在霞气之表，仰瞩俯映，弥习弥佳，流连信宿，不觉忘返，目所履历，未尝有也。既自欣得此奇观，山水有灵，亦当惊知己于千古矣。"（卷三十四《江水二》）此段文字虽然是引自南朝袁山松的《宜都山川记》，但无疑也表达了郦道元的情趣。

热爱大自然也是郦道元的自然观。少年时期的郦道元，就钟情

---

①陈桥驿，《郦道元评传》，南京大学出版社，1994年，43页。

于山水。成年后，确立了撰注《水经注》的雄心壮志，在对各地的考察中，他注意观察和发现大自然之美，而且他善于发现大自然之美。在郦道元的眼中，不论是自然环境相对较好，有青山绿水的东部和南方地区，还是干旱的水资源贫乏植被稀少的西北地区，都有着自然环境美的一面。例如，在郦道元的笔下，不仅东部齐鲁大地有许多风景优美的地方，如汶水上游谷地、淄水上游谷地，也不仅中原地区有许多景色优美的地方，就是西北地区的阴山山地中的峡谷通道，都展现出其自然环境美的一面。《水经注》中，不仅展现了那些高山大川的壮美景观，如黄河壶口瀑布、华山、泰山等名山大川之壮美，许多小的山体和小的河流或溪流，也都被描写得很美。可以说，郦道元是中国历史上善于发现大自然之美的大师。在他的眼睛里，大自然是美好的，他的自然观是唯美的。正是这样的自然观，使他能完成《水经注》这部千古不朽的伟大著作。

四、科学视角破迷信，科学思维堪可嘉

在郦道元的时代，科学水平还很低下，许多现象在当时还不能被人们以科学的视角去认识。于是，被神化，或用神灵，或以迷信来解释，往往被渲染得很神奇。但郦道元能用科学的视角和科学的思维来解释。

郦道元不相信人会长生不老。如关于老子，人们传说他长生不老。但《水经注》中在叙述到渭水支流"就水"流经的一个大墓时，传说该墓为老子墓。郦道元就此发表议论，指出老子并不是长生不死的："（就水）水出南山就谷，北径大陵西，世谓之老子陵。是非不死之言。人禀五行之精气，阴阳有终变，亦无不化之理。以是推之，或复如

传。"（卷十九《渭水下》）"就水"是渭水流经槐里县故城南之后的一条支流，"南山"指秦岭。郦道元就此老子墓议论说，老子并不是如人们所说的那样不死啊，人是依靠金木水火土这五行的精气，因此有阴阳的变化，哪有不死之理啊。他认为，由此推断，这里大坟墓或许如人们所传说的，就是老子之墓。

滱水支流唐河流经的安喜城，该城城角之下有纵横交错堆积的大木。北朝后秦时期大洪水将河岸冲塌，大木暴露出来，人们不知这些大木是从哪里来的，可能还有许多离奇的传说。郦道元认为，这些积木是安喜城未建之前，由洪水冲来堆积在这里，后来又被沙土填埋在地下，再后来由于建城，筑城墙，将这些大木压在下面，使这些大木得以保存下来："秦氏建元中，唐水泛涨，高岸崩颓，（安喜）城角之下有积木交横，如梁柱焉。后燕之初，此木尚在，未知所从。余考记稽疑，盖城地当初山水奔荡，漂沦巨栿，阜积于斯。沙息壤加，渐以成地。板筑既兴，物固能久矣。"（卷十一《滱水》）郦道元的解释是正确的，他能用科学的思维来解释，就当时的科学水平来说，应当是很不简单的。

关于钱塘潮的形成，《吴越春秋》一书认为钱塘潮前浪是吴国伍子胥的神灵所兴起的，后浪是越国大夫文种的神灵所兴起的。郦道元驳斥这种说法，明确指出钱塘潮是与月球有关："水流于两山之间，江川急浚，兼涛水昼夜再来，来应时刻，常以月晦及望尤大，至二月、八月最高，峨峨二丈有余。"他又指出："《吴越春秋》以为子胥、文种之神也，而浮尸于江，吴人怜之，立祠于江上，名曰胥山……然海水上潮，江水逆流，似神而非，于是处焉。"（卷四十《浙江水》）1600多年前的郦道元能如此明确地指出钱塘潮是与月球有关，而且还指出在月亮的朔望之时海潮尤其高，他对钱塘潮的解释是完全符合科学的。伍子胥为春秋时期吴国将领，而文种则是越国的重臣。伍子胥和文种都因忠心而遭迫害致死，人们怀念他们，编出许多神话故事。由于郦道元没有去过江南考察，关于钱塘潮是与月球有关的认识，应不是郦道元的发现，而是引自前人的文献。但此段文字表明，郦道元也是不相信钱塘潮是与伍子胥和文种的神灵有关，他是相信钱塘潮是与月球有关的，能有这样的科学精神，在当时应是很不简单的。

黄河在陕城西北的河段，河中水浪涌起，河中似有一物凸起。当地传说此凸起之物是北朝时期石虎从长安城中将铜翁钟运到邺城途中沉入河的。但郦道元认为，像黄河这样的大河，不可能被铜翁钟这样的人造物体所阻塞。他用山崩来解释河中的凸起之物和这里河中的激流："（陕城）西北角河水涌起，方数十丈，有物居水中。父老云，铜翁钟所投处。又云，石虎载经，于此沉没，二物并存，水所以涌。所未详也。""余以为，鸿河巨渎，故应不为细梗蹶湍，长津硕浪，无宜以微物屯留。斯水之所以涛者，盖《史记·魏世家》所云，魏文侯二十六年，虢山崩，壅河所致耳。"（卷四《河水四》）铜翁钟是指秦始皇为了避免百姓造反，将天下金属收集，铸成十二个铜人。北朝时石虎将铜人从长安运到邺城，正史未记载石虎船运铜人在黄河中沉入水中。陕城即今河南省最西北部的陕县。

八公山是安徽省淮河南侧名山，位于寿县境。郦道元登八公山，当时这里流传有八公成仙的传说和汉高祖刘邦孙子淮南王刘安升天的传说。郦道元根据对历史文献考证指出，刘安实际上因反叛被诛，并未升天："八公山……山上有淮南王刘安庙。刘安是汉高帝之孙，厉王长子也。折节下士，笃好儒学，养方术之徒数千人……忽有八公，皆须眉皓素，诣门希见……乃与安登山……白日升天……故山以八公为目。余登其上，人马之迹无闻矣，惟庙像存焉。庙中图安及八士像，皆坐床帐如平生……按《汉书》，安反，伏诛。"（卷三十《淮水》）郦道元用历史事实说明有关刘安升天的故事纯属虚妄，表明他对人能升天之类的传说是不相信的。

历史上淝水之战，是东晋谢玄指挥军队打败北朝后秦苻坚的著名战役。这一仗之所以东晋能打败苻坚，人们传说是由于谢玄在战前祈祷了八公山神，有神灵之助。郦道元驳斥了这一说法，认为不是八公神灵之助，而是苻坚疑惑草木皆兵乃是他将要灭亡的征兆："昔在晋世，谢玄北御苻坚，祈八公山，及置阵于淝水之滨，坚望山上草木，咸为人状。此即坚战败处，非八公之灵有助，盖苻氏将亡之惑也。"（卷三十二《淝水》）

要指出的是，《水经注》中也记载大量神怪之类的故事或逸闻，有人以此批评《水经注》荒诞不经。这种批评是很不公正的。郦道元毕竟生活在1600多年前科学不发达的古代，无疑会受时代的局限。郦道元也不可能完全摆脱时代的影响，不能用今天的科学标准来要求他。《水经注》中虽记载不少神鬼之类的故事或逸闻，是不足为怪的，不能因此抹煞郦道元思想中的闪光亮点，否定郦道元具有先进的科学思想和《水经注》一书的科学价值。

五、科学方法堪严谨，求实态度实可赞

郦道元撰注《水经注》所采取的工作方法，就他所处时代而言，是相当严谨而科学的。

首先，他重视实地考察。在北魏疆域范围内的大部分地区，他都亲自考察过。他不仅对一些大的河流进行考察，甚至连今天比例尺很大的地图上都表示不出来的一些很小的河流，他也都进行考察，并予以详细记述。华北平原众多河流的河道变化很大，不同时期河道以及各河流的干流和分支流河道形成错综复杂的水系网络。郦道元都是沿着各条河道进行沿河考察。如对济水就"寻经脉水"考察，对漳水"寻其川脉"，即沿着各河道进行追踪考察。《水经注》中记载的北方河流的情况，大多都是他亲自考察获得的。他是把野外实地考察作为收集资料的基本工作方法。

他在实地考察中，还重视对当地居民调查访问，特别是向老者调查访

问。在《水经注》中，多处记载他"访之故老"。如他在今宁夏的银川平原地区考察，为了要弄明白"薄骨律镇"一名的含义，他访之故老。

　　济水流经的酸枣县门外"夹道左右有两故台"，他为了查明这两个故台为何人所建，他访问当地的老者，了解到是韩王听取诉讼的观台："访之故老云：韩王听讼观台，高十五仞，虽楼榭泯灭，然广基似于山岳。"（卷八《济水》）文中的韩王，可能是战国时期韩国国王。

　　易水支流濡水在故安城西分为两支，其东支流经钓台、金台、兰马台等台馆。为了搞清楚这些台馆建于何时，郦道元也访问当地的老者："访诸耆旧，咸言昭王礼宾，广延方士。""馆之南垂，言燕昭创之于前，子丹踵之于后。故雕墙败馆，尚传镌刻之石，虽无经记可凭，察其古迹，似符宿传矣。"（卷十一《易水》）文中的昭王即战国时期燕国昭王。这里的几个台经郦道元访问老者，知道是由燕昭王所建，燕昭王和他的儿子太子丹又在这里建造馆舍。他们建这些台馆是为了招徕天下贤士。郦道元不仅访问故老，还亲自对这些遗迹进行考察。他的考察证明这些遗迹的确是燕国时期的建筑。郦道元对燕国昭王和太子丹所建造台馆的考察，可能是中国历史上最早的田野考古调查了。燕昭王所筑的台馆，位于北京市西南面的今河北省易县。

　　再如他通过实地调查，纠正了淮河南侧支流决水注入淮河处的河口地名。决水注入淮河的河口，俗称为浍口。但他根据实地考察和调查，指出将决水入淮的河口处称为浍口是不正确的。他认为应将决水入淮的河口称为决口或灌口，之所以会被俗称为浍口，他认为是由于灌与浍的读音相近，习俗将其传讹："（决水）又东北入于淮，俗谓之浍口，非也。斯决、灌之口矣。余往因公至于淮津，舟车所届，次于决水，访其民宰，与古名全违。脉水寻经，方知决口。盖灌、浍声相伦，习俗害真耳。"（卷三十二《决水》）许多地名或因时间的推移，或因民族的迁徙而发生讹变。郦道元都通过调查或考证，溯源正本，还其本来名称，这在《水经注》中例子很多。

　　他还将实地调查访问和文献乃至地图相结合，进行对比分析。如他在任鲁阳太守之时，"会上台下，列山川图，以方志参差，遂令寻其源流。此等既非学徒，难以取悉。既在径见，不容不述。"（卷二十一《汝水》）郦道元召集群众进行调查，并参照山川地图和方志进行参照对比，使调查的结果更加可靠。

他还利用各种机会，对来自边远少数民族地区和外国使者进行调查。如朝鲜半岛的浿水，《水经》和汉代的许慎都认为向东流。郦道元访问来自朝鲜半岛的使者，了解到浿水是向西流，纠正了《水经》的错误："汉武帝元封二年，遣楼船将军杨仆、左将军荀彘讨右渠，破渠于浿水。遂灭之。若浿水东流，无渡浿之理。其地今高句丽之国治。余访番使，言城在浿水之阳。其水西流……考之今古，于事差谬。盖《经》误证也。"（卷十四《浿水》）浿水即今经平壤西流的大同江。郦道元先是根据逻辑推理，认为浿水是向西流，然后他又访问来自朝鲜半岛的使者，证实了他的推断。

博采群书、相互参证是郦道元另一科学的工作方法。对一个历史事件或一种说法，郦道元通常要征引多种文献相互比较，相互参证。这在《水经注》中例子很多。《水经注疏》的疏者杨守敬在多处指责这是郦道元"显博"。实际上，这应该是《水经注》中的一大特点或一大优点，是他的一种科学的工作方法。正是他这种征引多种文献相互比较的工作方法，才使《水经注》保存了许多今天已完全佚失的文献记载的宝贵内容。

郦道元在治学方面，表现出"知之为知之，不知为不知"的实事求是态度。《水经注》中有许多问题郦道元还没有搞清楚，但他并不回避，也不掩饰自己对该问题的不了解，而是实事求是予以承认。如关中地区的漆水，在历史上是一条很有名的河流，是著名的"长安八水"之一。早在《诗经》中就提到漆水，即《诗经·大雅·绵》篇。该篇说的是周太王古公亶（dàn）父率领部众从黄土高原的北部越过沮水和漆水，来到岐山之下渭河北侧的周原，周人在此发展起来。但关于漆水的位置，在郦道元之前的学者们就有几种不同的认定，东汉班固在《汉书·

地理志》中以及阚骃在《十三州志》中都认为漆水位于漆县西部，而许慎在《说文》中认为漆水位于杜阳县。虽然郦道元经过考察了解到"今有水出杜阳县岐山北漆溪，谓之漆渠，西南流注岐水。"但他又没有把握肯定该河是否就是漆水，故他实事求是地说："但川土奇异，今说互出，考之经史，各有所据，识浅见浮，无以辨之矣。"（卷十六《漆水》）他很老实地承认自己"识浅见浮"，对发源于杜阳县岐山的漆溪是否就是《诗经》中的漆水，不能肯定。

郦道元对凡是还没有搞清楚的问题，都老老实实地用"所未详也"来表示。《水经注》中有数十处的"所未详也"，都是郦道元尚未搞清楚的问题。这些，都表明郦道元的实事求是的严谨治学态度。

六、经典著作不盲从，开创批判新风尚

在中国古代，那些被称为"经"的著作，被认为是圣人的经典著作，很少有人对这些经典之作进行批评，或指出其存在的问题。郦道元是中国历史上第一个对他以前诸多经典著作提出批评和指出它们的不足之处。郦道元在《水经注序》中指出："昔大禹记著山海，周而不备，《地理志》其所录，简而不周，《尚书》《本纪》与《职方》俱略，《都赋》所述，裁不宣意。《水经》虽粗缀津绪，又阙旁通，所谓各言其志，而罕能备其倡导者矣。"文中的"大禹记著山海"，是指《山海经》；《地理志》是指汉代班固撰写的《汉书》中《地理志》；《尚书》是指《禹贡》；《本纪》是指《史记》《汉书》等北魏以前诸朝代正史中的《本纪》；《职方》是指《周礼·职方》；《都赋》是指汉晋时期一些文人为一些都城写的赋，如左思写的著名的《三都赋》等。对如此多的经典著作提出批评和指出不足，郦道元在中国历史上是第一

人。正是他这种不盲从前人著作，善于发现前人著作不足的精神，他才能创新，写出千古不朽的伟大著作《水经注》。

他还通过自己的实地调查和通过对文献的考证，纠正前人著作中的许多具体错误。如《水经注》纠正了《汉书·地理志》中的多处错误。《汉书·地理志》是二十四史中最早设《地理志》篇的正史。该书中的《地理志》包括了自然地理和人文地理的内容，成为后来许多正史《地理志》的范例。虽然魏晋时期有不少学者对《汉书》进行注释，但对其《地理志》记载内容的错误进行纠正的却寥寥。郦道元或经实地调查，或经文献考证，纠正其中许多重要错误。如纠正《汉书·地理志》关于曲周县设立的年代："（衡漳故渎）又径曲周县故城东。《地理志》曰：汉武帝建元四年置，王莽更名直周。余按《史记》，大将军郦商以高祖六年封曲周县为侯国，又考《汉书》同，是知曲周旧县，非始孝武。"（卷十《浊漳水》）文中的曲周故城，为汉代曲周县故城，位于今邯郸市曲周县东北，《地理志》即《汉书·地理志》，孝武即汉武帝。《水经注》中纠正《汉书·地理志》中的错误还有很多。

郑玄是东汉时期的大学者，郦道元也纠正了郑玄关于黄河砥柱位置的说法。所谓砥柱，即立于河水之中的岩石柱。郑玄认为砥柱位于"西河"。所谓"西河"，是春秋时期晋国称晋陕之间的黄河为西河（因此段黄河位于晋国的西面），后来对此段黄河就沿用"西河"一称。郦道元纠正郑玄这一说法不正确，指出砥柱应为三门峡："余按，郑玄所说非是，西河当无山以拟之。"（卷四《河水四》）郦道元说得非常正确，位于晋陕之间的黄河段，河中并无突兀的岩石柱，只有三门峡才有突兀立于河水中的岩石柱，砥柱应为黄河三门峡。但今天由于三门峡水库的修建，砥柱已不复存在。

郦道元还对《水经》进行大量的纠正。初步统计，郦道元改正《水经》约40处。

但需要指出的是，《水经注》中《注》文对《经》文的纠正，可能有几种情况。一种情况可能是由于地理环境的变化，《水经》记载的情况，到郦道元时代已发生变化，但郦道元却认为是《水经》的作者搞错了，予以"纠正"。如《经》文记载的古永定河（㶟水）河道位置在蓟县之北，到郦道元时古永定河河道则迁徙到蓟县之南，郦道元在注文中予以纠正："[《经》文]（㶟水）过广阳蓟县北。[《注》文]㶟水又东北，径蓟县故城南。《魏土地记》曰：蓟城南七里有清泉河，而不径其北，盖《经》误证矣。昔周武王封尧后于蓟，今城内西北隅有蓟丘，因丘以名邑也。犹鲁之曲阜，齐之营丘矣。武王封召公之故国也。"（卷十三《㶟水》）《水经注》中所说的蓟县和蓟城，位于今北京城区西南，大致在广安门西面。现代研究表明，历史时期，永定河河道发生多次变迁。在历史早期，古永定河在流出北京西山后向东北方向，经今颐和园、圆明园，以及北京北面的清河。汉代以后，古永定河曾经由石景山地区的老山和八宝山之北，向东，经半壁店，沿高粱河，经紫竹园，向东，经老北京城内的后海、什刹海、北海、中南海，向东南流。此古河道被称为三海大河。后来，北魏郦道元所看到的古㶟水，已改道经由老山和八宝山南侧向东南流，经由古蓟县之南。此时的古㶟水又称清泉河。今天北京南部的凉水河河道，大致就是郦道元所记载的清泉河的位置。此处，《水经》记载的古永定河流经蓟城之北也没错，只不过是由于古永定河河道发生变化而导致《注》纠正《经》文。

再如，黄河下游河道和河口段河道，在历史上改道也是很频繁的。《水经注》有关黄河下游和和河口段河道记载中，有多处《注》否《经》，可能就属于此类。如黄河尾端河水与济水的关系："河水又东，分为二水，枝津东径甲下城南，东南历马常坑，注济。《经》言济水注河，非也。河水自枝津东北流，径甲下邑北，世谓之仓子城，又东北流，入于海。"（卷五《河水五》）甲下城即甲下邑，大致位于今山东省东营市城区南的六户镇附近。济水大致沿今小清河河道，马常坑为一滨海湖泊，"坑"（kēng）为方言，为湖沼之意。又在卷八《济水》中亦有类似的纠正："济水东北至甲下邑南，东历琅槐县故城北……又东北，河水枝津注之。《水经》以为入河，非也。斯乃河水注济，非济

87

入河。又东北入海。郭景纯曰：济自荥阳至乐安博昌入海。今河竭，济水仍流不绝；《经》言入河。二说并失。然河水于济、漯之北，别流注海。今所缀流者，惟漯水耳。郭或以为济注之，即实非也。"（卷八《济水二》）郭景纯即晋代大学者郭璞，《经》言即《水经》的记载。黄河的尾段是在平坦的冲积平原上流动，河道极不稳定，很容易发生迁徙改道。郦道元此处对《经》文的"纠正"，应是他亲自在黄河尾端以及济水尾端考察，见到黄河与济水在尾端处相互关系不是如《水经》所说的那样，而予以"纠正"。但《经》文的记载与郦道元所见的情况有所不同，很可能不是《经》文记错了，而是由于黄河下游河道变化的结果。

再如对汾河支流原公水《注》纠正《经》，《经》文："（原公水）又东入于汾。"《注》文："水注文湖，不至汾也。"（卷六《原公水》）此处原公水流到平坦的汾河谷地，河流尾段河道发生变化是有可能的，故这里《注》否《经》，可能是反映了河道的变迁，而不是《经》记载的错误。

但也有的《注》否《经》，的确是由于《水经》记载错误。如关于泗水源头的位置，《汉书·地理志》和《水经》都认为是在卞县北。郦道元指出，泗水源头是在卞县东南："[《经》文]泗水出鲁卞县北山。[《注》文]《地理志》曰：出济阴乘氏县，又云：出卞县北，《经》言北山，皆为非矣……余昔因公事，沿历徐、沇，路经洙、泗，因令寻其源流。水出卞县故城东南，桃墟西北。"（卷二十五《泗水》）泗水发源于鲁中山地，流经曲阜。此处应是《水经》记载错误，郦道元对《水经》的纠正，是通过实地考察得出的。

除了纠正《汉书·地理志》和《水经》的一些错误，还纠正其他一些著作的错误。如"《晋书地道记》及《十三州志》并言，晋水出龙山，一名结绌（chù）山，在县西北。非也。《山海经》曰：悬瓮之山，晋水出焉。今在县之西南。"（卷六《晋水》）这里所说的县，是指晋阳县。晋水，是太原地区汾河的一条支流，著名的晋祠即位于晋水源头。此处纠正应是郦道元亲自考察所见。

关于刘邦即帝位的地点，郦道元之前的一些著作认为是在今郑州西北的汜水之阳："汜水又东北流，注于河……又按郭缘生《述征记》、刘澄之《永初记》，并言高祖即帝位于是水之阳，今不复知旧坛所在。卢谌、崔云亦言是矣。余按：高皇帝受天命于定陶汜水，又不在此也。于是求坛，故无髣髴（仿佛）矣。"（卷五《河水五》）郦道元指出，刘邦即帝位之处是在定陶，位于今山东省菏泽市南。郦道元的说法是正确的。

关于介子推死于何地，郦道元之前的许多著作都认为是在山西皮氏县的介山。郦道元指出介子推是死于介休县的绵山，而不是皮氏县的介山，纠正了前人的错误说法（卷六《汾水》）。介子推是春秋时期晋文公重耳的幕僚，晋文公还未成为晋国国王之前，受其后母迫害外逃，介子推亦随晋文公外逃。传说晋文公外逃期间，因无肉吃，介子推割下自己身上肉给晋文公吃。后来晋文公成为晋国国王，介子推不愿被赏赐，而躲到绵山。晋文公派人请他，请不动，于是放火烧山，逼介子推下山。介子推宁愿被烧死而不下山。介子推的忠义在历史上是有名的，今天将绵山称为"忠义绵山"，以传扬介子推的忠义精神。

郦道元还对与中华先祖和名人的一些附会说法进行纠正。我国古代，就有许多地方攀附名人，牵强附会，拉名人作大旗。对于此种现象，郦道元对多处予以考证纠正。如泗水源头卞县东南的桃墟一地名，被附会为舜制陶之地，连晋代大学问家杜预也持此说。郦道元通过实地考察，认为将此地称为舜制陶的"陶墟"乃属牵强附会："（泗水）水出卞县故城东南，桃墟西北……杜预曰：鲁国卞县东南有桃墟。""世谓之曰陶墟，舜所陶处也，井曰舜井，皆为非也。墟有漏泽，方一十五里，渌水澄渟，三丈如减。泽西际阜，俗谓之妫亭山，盖有陶墟、舜井之言。"（卷二十五《泗水》）

以上事例说明，郦道元治学非常严谨。

第五章 『水经注』的科学价值

一、地理要素记录丰，古代地理信息库

全球气候与人类的生态环境变化是今天人类社会面临最突出的生存问题。《水经注》记载的丰富的有关自然环境的内容，可以说是古代地理信息库，对于研究气候变化和生态环境变化具有极为宝贵的价值。《水经注》记载的内容，大致可分为以下几个主要方面。

对于研究气候变化有重要价值的内容。

如《水经注》记载鲍丘水流经的雾灵山夏季凝冰积雪："（鲍丘水）又西北径伏凌山南，与石门水合，水出伏凌山，山高峻，岩鄣寒深，阴崖积雪，凝冰夏结。"（卷十四《鲍丘水》）伏凌山即今北京密云县的雾灵山，海拔2118米。所记载的伏凌山阴崖积雪，夏季结冰，应是郦道元亲自考察所见。此记载表明他的观察很仔细，对积雪的地形部位（山崖的背阴处）和结冰的时间（夏季），都交代得十分清楚，这为今天进行气候变化的对比研究提供了可能。

《水经注》记载川西崃山夏季结冰："崃山，邛崃山也，在汉嘉严道县，一曰新道，南山有九折阪，夏则凝冰，冬则毒寒。"（卷三十三《江水一》）该地大致在川西荥经县西南。

《水经注》记载陕西省武功南面的太白山"冬夏积雪"："太白山，南连武功山，于诸山最为秀杰，冬夏积雪，望之皓然。"（卷十八《渭水中》）关于"太白积雪"有两种解释：一说认为就是指常年积雪不化，太白山海拔高，山上气候寒冷，即使是三伏盛夏，也是白雪皑皑；另一说认为"太白积雪"并非真雪，而是太白山顶峰的岩石是由含石英较多，颜色较淡的火成岩和变质岩组成，从远处看，呈现一片白色，给人以白雪皑皑的假象。若从近几十年情况看，太白山顶峰在盛夏季节的确没有积雪，这可能是与全球气候变暖有关。但在郦道元时代，位于今北京地区东北部的雾灵山在盛夏季节曾有积雪，而位于四川西部的邛崃山夏季凝冰，则说明那时气候处于相对较冷时期。"太白积雪"应是指真正的积雪，而不是指由于白色岩石形成的假积雪。

植物和植被是环境的重要元素。郦道元对植物与植被也很关注。《水经注》不仅记载了140多种植物，还记载了大量有关植被的内容，对于今天研究历史时期植被变迁具有重要价值。

《水经注》记载了洮河上游地区的植被。洮水源头西倾山，又名嵹臺山，洮水由此山发源后，流经一片草地："洮水东北流，径吐谷浑中……自洮嵹南北三百里中，地草徧是龙鬚，而无樵柴。"文中的"洮嵹"即指洮河发源地西倾山，其南北三百里的广大地区没有树木，只有龙须草，显然这里的天然植被是一片典型草原。

豫北新乡地区的淇水在出太行山后的平原地区河流两侧，在周代至汉代曾有大片竹林，但到郦道元时代，竹林已消失："《诗》云：瞻彼淇澳。绿竹猗猗……汉武帝塞决河，斩淇园之竹以为用。寇恂为河内，伐竹淇川，治矢百余万，以输军资。今通望淇川，无复此物。"（卷九《淇水》）文中的《诗》是指《诗经·淇澳》篇，"淇澳"为淇水河畔；"汉武帝塞决河"，是指汉武帝时期，黄河在濮阳附近决口，决口处称瓠子口，后来堵塞此决口，所用材料主要为砍伐淇水两侧的竹木。寇恂为东汉初期河内郡（大致相当今焦作和新乡两市域）太守，他砍伐淇水两侧的竹林制作百余万支竹箭。此记载的大意是，《诗经》描写淇水两侧，有一丛丛茂密的竹林，汉武帝和东汉寇恂都曾大量砍伐这里的竹林，但郦道元所见的淇水流域不再有竹林。

《水经注》记载滇池东南的南盘江流域多桄榔树等："山溪之中，多生邛竹、桄榔树，树出面，而夷人资以自给。"（卷三十七《叶榆水》）桄榔树为热带植物，棕榈科，今天在我国云南、广西、广东三省（区）南部和海南省有分布。所记载南盘江流域少数民族用桄榔树的果实制面粉以食用，表明那时桄榔树在这里种植很普遍。此记载对研究历史时期桄榔树分布范围的变化有很重要的价值。

《水经注》记载唐河的一次洪水冲下来大量巨树大木："秦氏建元中，唐水泛涨，高岸崩颓，（安熹）城角之下有积木交横，如梁柱焉。后燕之初，此木尚在，未知所从。余考记稽疑，盖城地当初山水奔荡，漂沦巨栿，阜积于斯。沙息壤加，渐以成地。板筑既兴，物固能久矣。"（卷十一《滱水》）唐水即滹沱河支流唐河。"秦氏建元中"是指北朝时期的前秦苻坚的年号，为公元365—383年。此记载表明，古代太行山地中，有巨木良材，森林覆盖率很高。但今天，太行山中的森林已很少。

《水经注》记载滦河源头大拐弯地区，河流南北两侧各有一松林山，表明这些山地有松林存在。后来宋代人记载燕山以北地区松林千里，表明直到宋代，燕山以北地区还有大面积的松林存在。但今天燕山以北广大地区的山地，大多已是无林木覆盖的光秃山地。《水经注》记载的这些松林山，对于今天研究塞外地区植被变迁有重要意义。在滦河大转弯的南侧有沙野，所谓沙野，应是指平坦的沙质地面，反映了这里当时山地虽然有松林，但平地已出现沙漠化，但这里自然环境应是一片典型草原景观。今天，滦河上游地区是浑善达克沙地，成为北京的风沙源地区之一，表明历史上这里的自然环境有很大变化。

《水经注》记载陕北榆林地区曾是"榆柳之薮"："自溪西去，悉榆柳之薮矣。缘历沙陵，届龟兹县西北，故谓广长榆也。"诸次之水即今陕北佳县北部的秃尾河。该河发源于内蒙古伊克昭盟（现鄂尔多斯市），其上游地区现在是毛乌素沙地。此记载表明，在北魏时期，秃尾河上游和该河西面的榆林河之间，有大片榆树和柳树沿沙陵分布。然而，今天，长城外的秃尾河上游和榆林河之间，已无树木生长，为广袤的毛乌素沙地，只生长着低矮的沙蒿。《水经注》的记载表明，历史时期榆林地区环境经历了很大的变化。

《水经注》还记载山东汶水上源莱芜谷中松树茂密，以及徂（cú）徕山"山多松柏"（卷二十四《汶水》）。徂徕山位于今泰山脚下泰安市城区之南，隔大汶河与泰山相对。今天，松柏已不是徂徕山的主要树种。这些记载表明，山东大汶河流域的植被也发生很大变化。

《水经注》中还记载很多有关动物的内容。

如记载汉中安康地区山多猿猴："汉水又东径妫虚滩……汉水又东径猴径滩。山多猴猿，好乘危缀饮，故滩受斯名焉。"又记载汉水流过安康地区的小城固，又东经黄金谷后，汉水北侧支流"就谷"的山地，"山丰野牛野羊。"（卷二十七《沔水上》）"就谷"所在的山地位于长安西南面，这里应属秦岭山地。

《水经注》记载棘（bó）道县山中有一种善于腾跃的猴："山多犹狙，似猴而短足，好游岩树，一腾百步，或三百丈，顺往倒返，乘空若飞。"（卷三十三《江水一》）此种动物为灵长类动物，是猴的一种。棘道县位于四川南部宜宾地区。

《水经注》记载三峡之一的瞿塘峡"此峡多猨，猨不生北岸，非惟一处，或有取之，放著北山中，初不闻声……"（卷三十三《江水一》）文中的猨即猿。此记载表明，长江的瞿塘峡是猿分布的界线，该峡以北，无猿生存。

《水经注》记载兰仓水两岸犀牛和野象很多："（兰仓）水自永昌县而北径其郡西，水左右甚饶犀、象……"（卷三十六《若水》）永昌位于今云南西北部保山地区。此记载表明，至少在北魏以前，滇西北的保山地区还有许多野生犀牛和野象。今天，犀牛在我国早已绝灭，而野象仅分布在西双版纳的局部地区。

《水经注》还记载粤北的灵鹫山多虎："泷水又南历灵鹫山，山本名虎群山，亦曰虎市山，以虎多暴故也。"（卷三十八《溱水》）灵鹫山位于广东省北部韶关地区，泷水为北江上游的异名。此处的虎应为华南虎。

《水经注》记载浙江山阴县南六里有三小山，曾为越国豢养麋鹿之苑："（长）湖北有三小山，谓之鹿野山，在县南六里，按《吴越春秋》，越之麋苑也。"（卷四十《浙江水》）根据考古发现和历史文献记载，古代长江三角洲地区及东南沿海地区多麋鹿。《水经注》记载山阴县城南曾有越国麋苑，为东南沿海地区古代多麋鹿提供又一史料证据。山阴县即今绍兴市所在。

《水经注》记载河南洛阳地区的伊水有娃娃鱼："伊水又东北流，注于洛水。《广志》曰：鲵鱼声如小儿嗁（tí），有四足，形如鳢（lǐ），可以治牛，出伊水也。司马迁谓之人鱼。"（卷十五《伊水》）鲵鱼即娃娃鱼，学名大鲵，为喜暖性的两栖类动物。

《水经注》记载甘肃陇南地区嘉陵江上游支流洛谷水两侧多五色蛇："汉水又东合洛谷水，水有二源，同注一壑于神蛇戍西，左右山溪多五色蛇。"（卷二十《漾水注》）洛谷水位于甘南西和县境内，此处汉水为嘉陵江支流。

《水经注》除了记载有关气候、植被和动物的宝贵信息，特别应指出的是其记载有关河流、湖泊沼泽、海岸线、泉等自然水体的内容，信息量极大，对于今天研究河道与湖泊的变迁与治理，以及水资源变化等的研究是极为宝贵的信息。

《水经注》记载的有关河流的信息是最为丰富的。所记载的河流流经的地方和方位，对于确定那时河道位置和对于研究历史时期河道变迁，提供了极为丰富而宝贵的信息。最突出的是有关黄淮海大平原（又称华北大平原）河道的记载。黄淮海大平原历史时期自然环境经历很大变化，主要表现在河流和湖泊及海岸线的变化。而《水经注》对黄淮海大平原的河流和湖泊的记载非常详细，为研究古代黄淮海大平原的河湖水系的变迁提供了极为宝贵的记录。

黄河下游河道的变迁是导致黄淮海大平原自然环境变化的最主要因素。历史早期，黄河下游河道的变迁主要是在黄淮海大平原的北部。在郦道元时代以前，黄河河道经历了几次大的变迁，其变迁的总趋势是河道逐渐向东南摆动。最早记载黄河河道位置的是《山海经》一书中的《五藏山经》，故又称"山经河"。后来有《禹贡》记载的河道，位置偏东和偏南，被称为"禹贡河"。再后来则为《汉书·地理志》记载

的黄河河道，位置较"禹贡河"又向东南移动，最后到东汉初期，黄河又决口泛滥。东汉初期的王景，一位在历史上非常著名的治理黄河的专家，给黄河寻找了一条非常好的流路，向东北经今新乡、濮阳、聊城，至千乘入海。千乘大致位于今东营市的利津。王景治理形成的黄河河道被称为王景河。到郦道元时代，黄河继续沿王景治理形成的河道行水。郦道元不仅记载了当时黄河行水河道的位置，即东汉王景治河后的黄河河道，还通过实地考察和调查访问，以及查阅历史文献，复原了王景治河以前的《禹贡》所记载的河道和《汉书·地理志》所记载的河道。正是由于《水经注》中记载了这几个不同时期的黄河河道，我们今天才能复原古代几个时期的黄河河道。

　　值得指出的是，黄河下游各个时期干流都有很多分支流，黄河的各分支流彼此之间以及与从太行山流出的诸多河流形成复杂的水系网络。郦道元不仅考察了各个时期黄河干流河道的位置，还"脉水寻经"对各个时期大河分出的众多分支流河道位置，以及从太行山流出的今天的海河诸多支流进行考察，为我们记录了古代黄淮海平原上复杂的水文网络图。如汉代的黄河有一条分支流，称屯氏河，是在馆陶附近从汉代大河干流分出来的。屯氏河向东北有一组复杂的分支流系统。屯氏河先分出屯氏别河，屯氏别河故渎流向东北，又分出一条支流称张甲河。然后，屯氏别河又分出两条支流，称屯氏南渎和屯氏北渎。屯氏南渎又分出分支流。张甲河与清漳河汇流。大河故道又向东北，经东光县故城西，再向北与漳河合。屯氏别河北渎直接入海，但到郦道元时代，尾段已干涸。屯氏别河南渎，后来陆续分为几个分支，最后消失。大河故道除分出屯氏河，又分出鸣犊河，鸣犊河又与屯氏故渎汇流，然后与大河故渎汇流（卷五《河水五》）（见图5-1）。

　　要指出的是，比"禹贡河"更早的"山经河"，则是由已故著名历史地理学泰斗谭其骧先生根据《山海经》中的《山经》记载论证出来的。郦道元时只知道"禹贡河"和"汉志河"及当时仍在行水的"王景河"。

　　历史时期海河水系诸河流也发生很大变化。海河水系包括从太行

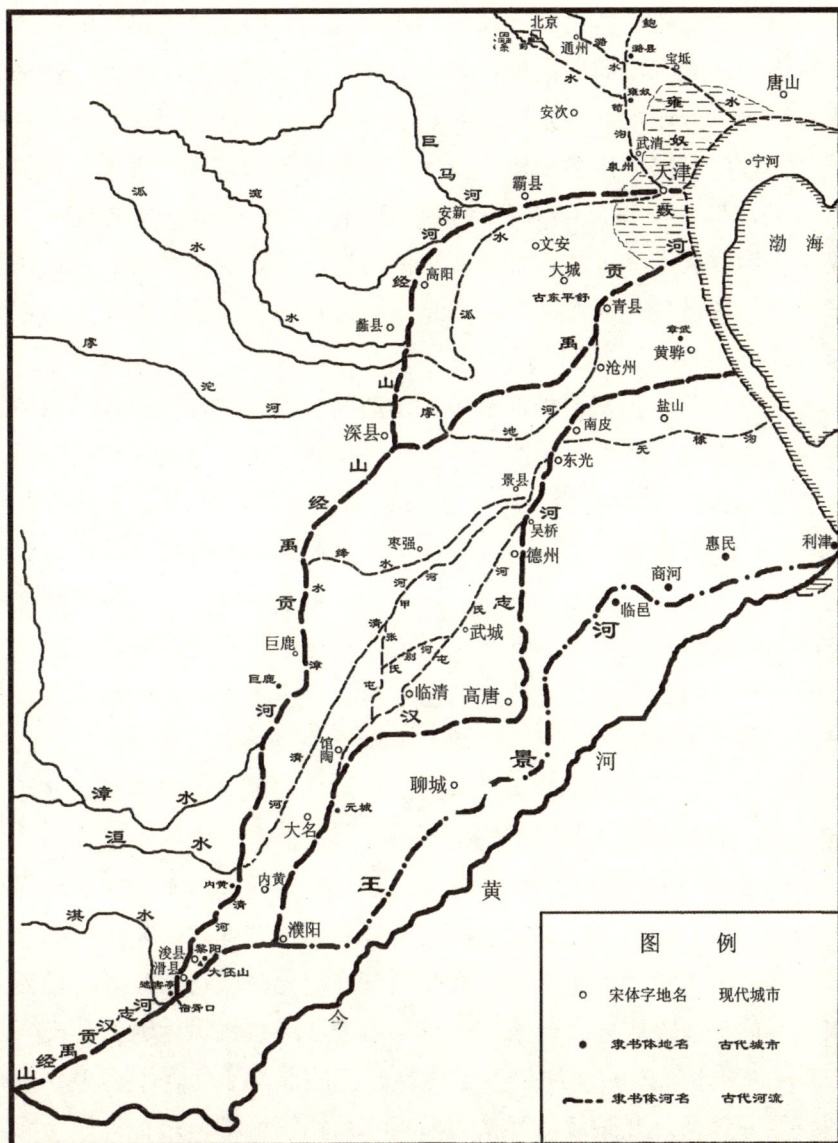

图5－1 "山经河"、"禹贡河"、"汉志河"、"王景河"等河道位置图
（据谭其骧先生《汉以前黄河下游河道形势图》和《中国历史地图集》
改绘）。"山经河"为谭其骧先生根据《山海经》考证出来的比"禹贡
河"更早的河道。

山地流出的诸河流和燕山山地流出的诸河流，它们在今天津汇流形成海河。从太行山地流出的诸河流，自南而北，依次有清水、淇水、荡水、洹水、漳水、滹沱水、滱水、易水、巨马水、圣水、灅水等。在上古时期，从太行山流出的诸多河流都流入最古老的黄河河道"山经河"中，是"山经河"的支流。随着黄河河道逐渐向东南移动，"禹贡河"、"汉志河"依次废弃，从太行山流出的诸河流逐渐脱离黄河。它们在脱离黄河后，各自独立入海。海河水系诸河流形成今天这样的在天津汇聚入海的格局，还应归功于曹操。

东汉末年，曹操从群雄混战中，逐渐脱颖而出。曹操的政治中心最初在今河南许昌。曹操与盘踞在河北的割据势力袁绍争战，逐鹿中原，并于官渡一战，打败袁绍。正是在与袁绍父子的争战中，于建安九年（204年）曹操开通了白沟运河。白沟运河大致从今豫北平原的卫辉市西南到内黄县西南。建安十年（205年），为了对盘踞在辽东的割据势力作战，曹操又开通了平虏渠和泉州渠。平虏渠位于河北平原东部，大致从今青县之南到静海县之北。白沟运河和平虏渠之间，则是利用汉代的黄河故道。这条河道在《水经注》中又被称为清河，这是因为白沟运河开通后，清河之水也经此河道流。白沟运河与平虏渠开通后，使经由太行山流出的诸河流在天津汇流而入海，今天的海河水系的格局即从公元205年初步形成。后来虽然这些河流在流出太行山进入平原后的河道发生变化，但它们在天津汇流入海的格局基本没有变化。泉州渠的位置大致从今宝坻附近到天津之东。泉州渠到郦道元时代已被废弃，对后来海河水系的形成没有多大影响。平虏渠后来成为京杭大运河的一段（见图5-2）。《水经注》详细记载了曹操开凿的白沟运河、平虏渠和泉州渠的位置，以及这几条运河开凿后海河水系诸河流的河道位置，为海河水系形成历史的研究提供了重要依据。

黄淮海平原南部地区历史时期自然环境也发生很大变化。但南部地区的变化主要是在公元1128年（南宋高宗建炎二年）由于守卫开封的南宋官员决开黄河以阻挡金兵南下，导致黄河由原先向东北方向流改向东南方向流，从此开始了黄河长期南流的历史，并对黄淮海平原南部地区的自然环境产生重大影响，特别是导致河湖水系发生很大变化。在此之前，黄淮海平原南部地区亦有着复杂的河网和众多湖泊。如古代在黄淮

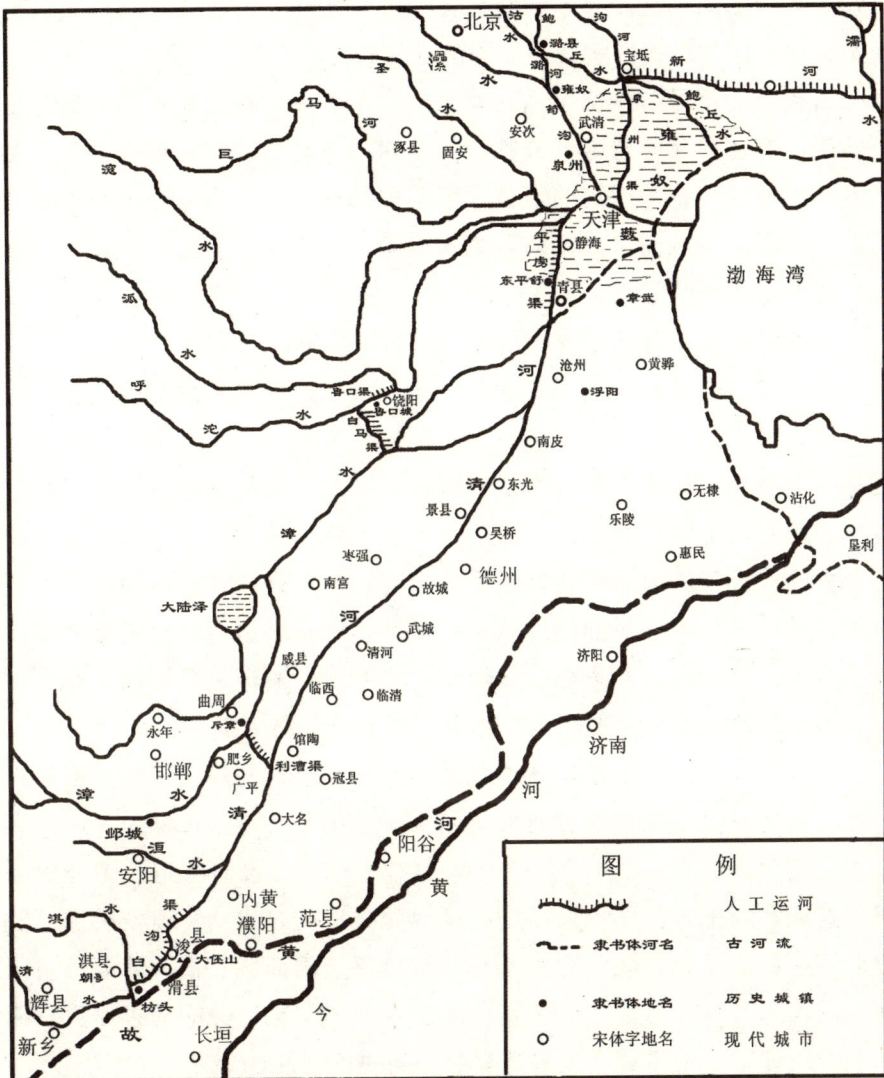

图5-2 《水经注》记载的曹操开凿的白沟运河、平虏渠与新河等运河与海河水系诸河流。

海平原南部有一条重要的河流，即济水。济水古代被作为华夏地区四大河流之一。这四大河流又被称为四渎，即河（黄河）、济、淮、江。济水在古代也是中原地区的一条重要水运通道，主要是将鲁北地区的海盐运输到大平原的内地。《水经注》详细记载了济水的流路，为今天复原济水这条古代华夏地区重要河流的河道位置提供了宝贵记录。

古代黄河下游与淮河水系也有密切关系。古代黄河在郑州以西分出菔荡渠，菔荡渠又分出若干分支流向东南呈放射状分布，形成淮河北侧的涡河、涣水、睢水诸河的上游。菔荡渠的分支流又形成汴水和蔡水的源流，汴水又流入泗水，蔡水则流入颍水。《水经注》记录了黄河下游与淮河水系之间的复杂关系。

《水经注》对鲁北平原的河流记载也很详细。

总之，古代黄淮海大平原上的水系，呈现错综复杂的网络。这些河道，郦道元大多都亲自考察过。《水经注》有关黄淮海大平原的河流的记载，是有关古代黄淮海大平原河流最详细最可靠的记录，为我们留下宝贵的信息。那时没有卫星图像，在一望无际的华北大平原上，要把如此众多的河流和古河道的相互关系搞清楚，并不是一件容易的工作。其中的许多河流，郦道元都是"脉水寻经"，分别沿这些河流进行考察，历尽艰辛。《水经注》记载的黄淮海大平原上的河流以及湖泊，是今天研究历史时期黄淮海大平原自然环境演变的最重要文献。

《水经注》记载的塔里木河盆地的河流与今天有很大不同。根据其记载，古代塔里木河干流有两条大致平行的南北两支，被称为"南河"和"北河"（见图5-3）。虽然塔里木盆地郦道元没有去过，但他对塔里木盆地和塔里木河的描写，是根据北朝时期著名佛僧释道安所撰著的《西域志》等文献，以及可能还有对来自那里的商旅和僧人的调查访问得到的信息。《水经注》有关古代塔里木河的记载，已为考古研究和卫星图像所证实，表明其记载内容有着很高的可信性。

《水经注》还记载了众多的湖泊沼泽。如记载古代蓟城西北部的湖泊："㶟水又东，与洗马沟水合，水上承蓟城西之大湖，湖有二源，

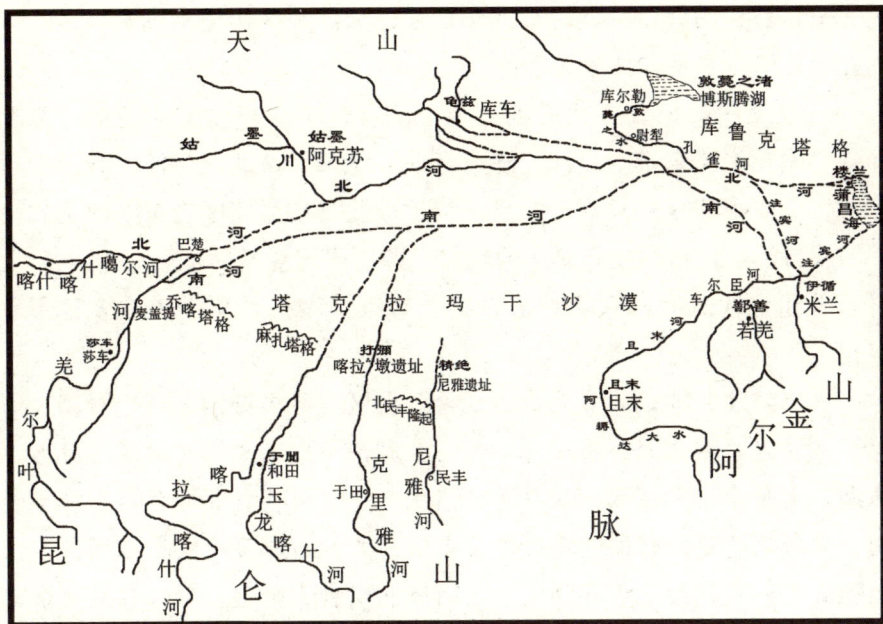

图5-3 根据《水经注》复原的塔里木盆地水系图（隶书体字为《水经注》中地名，宋体字为今地名。）

水俱出县西北平地导泉，流结西湖，湖东西二里，南北三里，盖燕之旧池也。绿水澄澹（dàn），川亭相望，亦为游瞩之胜所也。"（《卷十三《㶟水》）㶟水即古代对永定河的称谓（但古今永定河下游河道变化很大）。古代蓟城位于今北京城区西部。这里所记载的"西湖"，即位于今天北京西客站南面的莲花池。但今天的莲花池范围与《水经注》的记载相比，面积大大缩小了。

天津地区在古代为一片湖沼地区，称雍奴薮，《水经注》记载了其范围和特点："自鲍丘水之南，南至滹沱，西至泉州，东极于海，谓之雍奴薮。其泽野有九十九淀，支流条分，往往径通。"（卷十四《鲍丘水》）泉州位于今天津市武清县城西南。滹沱河那时在今天津市南面的青县之南入海，雍奴薮的范围大致西至武清，北面大致至宝坻—宁河一线，南至青县。雍奴薮不是一片连续的湖沼，在这一范围内，有众多

103

的淀泊，被称为九十九淀，彼此相连通。天津地区历史上湖泊很多，有"九十九沽"之说，即来源于此。

《水经注》记载古代的鲍丘水下游有一个面积很大的湖泊，称夏泽："鲍丘水又东南入夏泽。泽南纡曲一十余里，北佩谦泽，眇望无垠也。"（卷十四《鲍丘水》）夏泽位于今北京市通州区之东的河北省大厂回族自治县，该县今有夏店的地名，即古代的夏泽。

上述记载表明，京津地区古代曾有很多湖泊，但今天大多已不复存在。

《水经注》的记载表明，古代鲁西地区曾经多湖泊，有巨野泽、菏泽、雷泽等湖泊。而巨野泽又由若干个湖泊组成："泽有濛潆、育陂、黄湖。水东流谓之黄水，又有薛训渚水。"从汉代到北魏，巨野泽又经历很大变化，汉代时期的城已沦于湖中："巨野湖泽广大，南通洙泗，北连清济。旧县故城正在泽中……衍东北出为大野矣。"（卷八《济水二》）文中的"旧县故城"是指汉代的巨野县城（今巨野县），到北魏时，已被废弃，故城处在巨野泽之中。大野泽是汉代以前对鲁西地区大湖的称谓，在《尔雅》中为"九薮"的十薮之一。《水经注》的记载表明，古代的大野泽与北魏时期的巨野泽在位置上有很大变化。

《水经注》记载表明，在今天郑州和开封地区有许多湖泊，其中著名的有荥泽和圃田泽。圃田泽的范围很大，《水经注》记载："东西四十许里，南北二十许里"（卷二十二《渠水》）。此外，《水经注》还记载淮河支流汝水的下游以及淮河干流流经许多湖泊。这些湖泊今天都已消失。它们的消失，与后来淮河洪水的频发有一定关系。

因此，《水经注》有关黄淮海大平原河流湖泊的记载，不仅对于研究历史上黄淮海大平原自然环境变化有很重要的意义，对于黄河、海河和淮河的治理也有重要意义。

山西省今天是一个严重缺水的省份。但山西省古代有一个很大很著名的湖泊，位于晋中盆地，早在《尔雅》中就有记载，名为昭余祁，为"九薮"的十薮之一。《水经注》记载该湖已分解成几个较小的湖泊，而今天晋中盆地早已无天然湖泊。《水经注》的记载对于研究历史时期山西省自然环境变化也具有很重要的意义。

运城盆地的盐池，在中国历史上曾非常著名。《水经注》记载了该盐池从汉代到北魏时期湖泊范围的变化："《地理志》曰：盐池在安邑西南……长五十一里，广六里，周百一十四里……今池水东西七十里，南北十七里，紫色澄渟，潭而不流，水出石盐，自然印成。"《水经注》还记载在该池西面还有一个盐池："池西又有一池，谓之女盐泽，东西二十五里，南北二十里，在猗氏故城南。"（卷六《涑水》）这些记载为研究运城地区盐池历史变迁留下宝贵记录。

西北地区在古代也有很多湖泊，在张掖北面有居延泽，在武威东北有都野泽，在河套西部今巴彦淖尔盟黄河西侧有屠申泽。这些湖泊今天大都消失，只是居延海现在还保留一定的水面，但与古代相比，面积也大为缩小，而且在20世纪晚期还曾一度消失，现在又有所恢复。

《水经注》还记载蒲昌海（古罗布泊）"广轮四百里"（卷二《河水二》）[①]。这与《汉书·西域传》中记载的蒲昌海"广袤三百里"相比，表明北魏时期蒲昌海与汉代有明显变化，湖泊范围有所扩大。这对于研究全球气候变化有重要意义。

二、自然异常颇关注，自然灾害尤重视

我国处在欧亚板块的东部，太平洋板块在我国东部的东海和南海东侧俯冲于欧亚板块的下部，我国所处的欧亚大陆的东部，又属季风气

[①]陈桥驿校证《水经注校证》（中华书局2007年出版）一书为"广轮四百里"，而杨守敬、熊会贞疏，段熙仲点校，陈桥驿复校《水经注疏》（江苏古籍出版社，1989年出版）中则为"广轮三百里"。本文认同前一数字。

候，因此，我国历史上地质灾害和水旱灾害频发。中华民族从古代起就关注自然界的变化，关注自然界的异常现象和自然灾害，并留下许多宝贵记录。对自然异常现象和自然灾害的记录，是中华传统文化的重要组成部分。《水经注》继承了中华文化的这一传统，记述了大量奇异自然现象和自然灾害，对于今天自然史的研究，具有重要意义。

《水经注》记载陕北有火井庙："圜阴县西五十里有鸿门亭、天封苑、火井庙，火从地中出。"文中的圜水可能是指今陕北神木县的窟野河。这里煤藏量极为丰富，我国最大的煤田神（木）府（谷）煤田即在这里。所谓火井，可能是地下煤层的自燃。这里建有"火井庙"，表明这里地下自燃现象早在古代就已存在。

《水经注》记载大同（北魏都城平城所在）西山有火井和风穴："（武周川）右合火山西溪水。水导源火山，西北流，山上有火井，南北六七十步，广减尺许，源深不见底，炎势上升，常有微雷发响，以草爨之，则烟腾火发……火井东五六尺有汤井，广轮与火井相状，热势又同，以草内之则不燃，皆沾濡露结，故俗以汤井为目。井东有火井祠，以时祀祭焉。井北百余步，有东西谷，广十许步。南崖下，有风穴，厥大容人，其深不测，而穴中肃肃常有微风，虽三伏盛暑，犹须袭裘，寒吹凌人，不可暂停。"（卷十三《漯水》）武周川水为桑干河的支流，流经大同市。此处的火井，可能也是与地下煤层自燃有关。大同地区煤的储藏量很丰富，早在古代这里的地下煤层就在自燃。

河南汝水最大的支流滍水（今天称沙河）源头地区既有温泉，又有冷泉，二者比邻而存，成为自然界一大奇观。《水经注》记载："滍水又历太和川，东径小和川，又东，温泉水注之。水出北山阜。七泉奇发，炎热特甚……汤侧又有寒泉焉。地势不殊，而炎凉异致，虽隆火盛日，肃若冰谷矣，浑流同溪，南注滍水。又东径胡木山，东流又会温泉口，水出北山阜，炎势奇毒。痈疾之徒，无能澡其冲标。救养者咸去汤十许步别池，然后可入。汤侧有石铭云：皇女汤，可以疗万疾者也。"（卷三十一《滍水》）郦道元对这里的温泉和寒泉描写得如此详细，应是他亲自考察所见。

热泉和冷泉比邻而存的现象，《水经注》还记载了在湖南郴县（今郴州，位于湖南省东南部）南湘陂村，这里的"除泉"很特殊，泉水的一侧为冷水，而另一侧为热水："（除泉水）出县南湘陂村，村有圆水，广圆可二百步，一边暖，一边冷。冷处极清绿，浅则见石，深则见底；暖处水白且浊。玄素既殊，凉暖亦异，厥名除泉。"（卷三十九《耒（lěi）水》）同一个泉水中有冷热两股泉水，这是极为独特的水文现象。"除泉"流入到耒水支流黄水中。黄水源于今郴（chēn）州市（古称郴县）西南的骑田岭，骑田岭为五岭东面的第二岭。

《水经注》还汇集大量自然灾害史料，包括水灾、旱灾、风灾、蝗灾、山崩滑坡等。如记载的水灾共30多次，地震有近20次。其中有的灾害是郦道元考察所了解到，不见于其他文献，因此，具有极为重要的历史价值。如卷十五《伊水》记载伊阙（今洛阳龙门）在三国魏黄初四年（公元223年）的一次特大洪水："阙左壁有石铭云：黄初四年六月二十四日辛巳，大出水，举高四丈五尺，齐此以下。盖记水之涨减也。"《水经注》记载的此次伊阙大洪水，由于有具体刻度高程，为黄河历史洪水的研究提供了极有价值的数字依据，因而很受重视。《水经注》还记载了洛阳的谷水在三国魏太和四年（公元230年）发生的一次大洪水："河南王城西北，谷水之右有石碛，碛南出为死谷，北出为湖沟。魏太和四年，暴水流高三丈，此地下，停流以成湖渚，造沟以通水，东西十里，决湖以注缠水。"（卷十六《谷水》）此次洪水由于有具体高程的记录，对于研究黄河流域历史洪水也具有重要科学价值。

此外，《水经注》还记载了不少有关山崩、滑坡等自然灾害内容。

《水经注》记载洮水下游支流陇水曾发生一次巨大山崩："（洮水）又北，陇水注之，《山海经》所谓滥水也。水出鸟鼠西北高城岭，西径陇坻。其山岸崩落者，声闻数百里。"（卷二《河水二》）此次山崩显然是一次规模非常巨大的山崩，发生在西汉时期。这一史料对于洮河流域地质灾害的评估和预警具有重要意义。

　　春秋时期在今陕西韩城附近的黄河发生一次重大岸崩，使黄河被堵塞三日不流。《水经注》记载："河水又南径梁山原东，原自山东南出至河……临于河上，山崩壅河，三日不流……《春秋谷梁传》曰：成公五年，梁山崩，遏河水三日不流。"（卷四《河水四》）春秋成公三年，为公元前586年。

　　《水经注》记载西汉成帝鸿嘉三年（公元前18年）在天水南秦岭山地中发生的一次异常现象："天水冀南山大石鸣，声隆隆如雷。""有顷止，闻平襄二百四十里，野鸡皆鸣。"（卷十七《渭水上》）郦道元亲自考察，确定此次奇异现象发生的具体地点为位于天水西南面渭水支流衣谷水发源的朱圉山中。此次异常自然现象可能是一次规模巨大的岩崩。

　　《水经注》记载西汉成帝元延年间（公元前12年—公元前9年），川西地区的岷山发生一次巨大山崩："汉元延中，岷山崩，壅江水，三日不流。"此次山崩虽然《汉书·成帝纪》和《汉书·五行志》亦都有记载，但都未明确记载此次山崩的具体地点。《水经注》中记载此次山崩发生在川西北汶山的天彭阙，又名天彭门（卷三十三《江水一》）。《水经注》对此次灾害地点的确定很重要。此次山崩的地点大致位于2008年5月12日汶川大地震的震中区，表明这里地质灾害很频繁。

　　《水经注》记载三峡之一的巫峡东面长江之中的新崩滩，为汉晋时期几次巨大山崩所形成："江水历峡（巫峡）东，径新崩滩。此山汉和帝永元十二年崩，晋太元二年又崩，当崩之日，水逆流百余里，涌起数十丈。今滩上有石，或圆如箪（dān），或方似笥，若此者甚众，皆崩崖所陨，致怒湍流，故谓之新崩滩。"（卷三十四《江水二》）此记载表明，此处的长江河段是山崩的多发地段，对三峡水库今后预防山崩和库岸崩坍具有重要意义。

　　《水经注》记载历史上澜沧江也发生巨大山崩："（兰仓水）又东与禁水合。水自永昌县西北……又东径不韦县北而东北流，两岸皆高山，数百丈，泸峰最为杰秀，孤高三千余丈。是山于晋太康中崩，震动郡邑。"（卷三十六《若水》）兰仓水即澜沧江，不韦县位于今云南保山东北。这里属横断山脉，澜沧江在这里流经山高谷深的峡谷中，发生巨大山崩是很有可能的。

《水经注》记载广东省北部粤北山地乐昌县境内泷水流域的泠君山，在晋代发生一次大的山崩："泷水又南合泠水，水东出泠君山。山，群峰之孤秀也。晋太元十八年（公元393年），崩十余丈。"（卷三十八《溱水》）泷水为溱水的支流。泠君山位于粤北乐昌县。此次山崩，不见于其他文献。此记载表明，山崩灾害不仅在我国西部地区有可能发生，在东南部地区的山地中也是有可能发生的。因此，对于东南部地区，预防山崩灾害也应给予重视。

我国是多山的国家，历史上山崩和滑坡灾害的记录，对于各地山崩灾害的预防有一定借鉴意义。

《水经注》还记载地陷灾害。长江三角洲南部的海盐县，在汉代时期曾发生两次地陷："谷水又东南，径盐官县故城南……是以《汉书·地理志》曰：县有盐官。东出五十里有武原乡，故越地也，秦于其地置海盐县。《地理志》曰：县故武原乡也。后县沦为柘湖，又徙治武原乡，改曰武原县……汉安帝时，武原之地又沦为湖，今之当湖也，后乃移此。"（卷二十九《沔水下》）海盐县先后发生两次地陷，而且都沦为湖，这对于研究长江三角洲地区历史时期环境变化具有重要意义。

三、水利工程最关注，水利史料堪丰富

华夏民族是农业民族，我国自古以来就是以农立国。但我国大部分地区属季风气候，季风气候的特点是降水在一年中分配极不均匀，主要集中在夏秋季节，而且年景变化很大，因此，旱涝灾害频繁。我国从古

代起就重视水利建设，兴修水利工程，以减少水旱灾害。同时，对治水经验的记载和总结，在中华民族历史上也是非常重视的，是中华民族传统文化的重要组成部分。如司马迁在《史记》中就设有专门的部分，即《河渠书》来记载在他之前的治水经验。班固在《汉书》中也设有《沟洫志》来记载汉代的水利建设和对水患的防治。郦道元更是非常重视有关水和水利问题。

《水经注》记载了许多对于水文科学有重要价值的内容。其中最突出的是有关沟通淮河与长江之间的运河水流方向的记载。卷三十《淮水注》记载沟通淮河与长江之间运河是引长江之水北流，表明那时该段运河水流是从长江流向淮河。这是有关长江与淮河之间水文关系的最早记载。这一记载特别重要，因为自从公元1128年（南宋高宗建炎二年）南宋守卫开封的官员为阻挡金兵南下，在开封西北人为掘开黄河，开始了黄河东南流夺淮河河道入海的历史。特别是元代，黄河在淮北平原频繁决溢改道，导致淮河流域水文环境发生很大变化，并导致淮河河道淤积逐渐严重。到清代初期，采取蓄清刷黄的治理黄河、淮河和运河的治河方针，使洪泽湖水位大大提高，淮河与长江的水文关系发生根本变化，淮河水位高于长江。此后，开始了淮河之水流向长江的历史。淮河水文情况的这一变化与明清以来，特别是清代以来淮河灾害频繁发生有密切关系。

泗水是鲁西南和苏北地区的一条重要河流，郦道元很关注该河的水文情况。《水经注》还记载一些河流水量的季节性变化。如泗水在徐州附近的吕梁洪："泗水冬春浅涩，常排沙通道。"泗水流经徐州之北，有一处水流湍急的急流，被称为吕梁洪。郦道元亲自考察了吕梁洪，并有精彩描写："泗水之上有石梁焉，故曰吕梁也……悬涛崩濬，实为泗险。孔子所谓鱼鳖不能游，又云：悬水三十仞，流沫九十里。今则不能也。"此记载表明，吕梁洪存在的历史很久。后来元明清时期大运河开通，大运河的一段利用泗水河道，吕梁洪成为大运河上最危险的航段之一。郦道元的记载表明，后来大运河的吕梁洪之险，其形成由来已久，是有其自然原因。

《水经注》还记载了许多运河开通的历史和运河上的水利工程。如前文已提到的曹操开通的白沟运河、平虏渠和泉州渠。其中白沟运河在中国运河开发历史上是最值得一提的水利工程，《水经注》对其有较详细的记述，为我们今天认识该工程留下宝贵记录。白沟运河是我国历史上最早将黄河与河北平原诸河流联系起来的水利工程。关于白沟运河的开凿，《三国志·魏书·武帝纪》只记载了建安九年（公元204年）春正月"遏淇水入白沟以通粮道"。实际上，白沟运河是将黄河与海河水系沟通的一项水利工程。但由于黄河含沙量很高，若直接将黄河之水引入白沟运河，必将造成白沟运河的淤塞。白沟运河是怎样解决这一问题的呢？正是《水经注》的详细记载为我们了解此项工程的科学性提供了宝贵的记录。《水经注》记载："汉建安九年，魏武王于水口下大枋木以成堰，遏淇东水入白沟以通漕运，故时人号其处为枋头。是以卢谌《征艰赋》曰：后背洪枋巨堰，深渠高堤者也……"枋头是一个规模很大的水利枢纽工程。该工程包括两项工程：一是用巨大的枋木作成堰，将原先流入黄河中的淇水加以拦截；另一项工程是新开凿一条人工水道，将淇水与清河相连通，清水原来的源头在内黄县，与淇水还相隔有一段距离。这一条新开的水道被称为白沟。淇水的一部分被巨枋拦截经白沟水道流至清河，淇水还有一部分仍流到黄河中去。拦截淇水是用巨大的木枋筑成高大的堰，称为"枋头"，引淇水入白沟的引水口为人工开挖的"深渠高堤"引水水道，与白沟相接。之所以要用巨大枋木筑成高大的堰，白沟运河引水口之所以要开挖成"深渠高堤"，这可能是与两个因素有关：一方面可能和黄河洪水和多泥沙有关；另一方面可能和淇水有较大水量有关。淇水是一条流量较大的河流，它的水量来自两方面：一方面，它的源流是由今新乡市获嘉县西北太行山地中流出的一条很大的河流；此外，流入淇水的还有百泉湖，古称百门陂、苏门陂，该陂是由众多泉水汇流而成的湖，泄水量很大。该湖在《水经注》中就已有记载。所以，要将流量很大的淇水加以截流，堰就要筑得高大而坚固。用巨枋大木作拦截淇水的堰，也是一项创举。另外，此堰之所以要筑得规模很大，枋头工程之所以要开凿得"深渠高堤"，可能还有要防止黄河洪水倒灌。虽然淇水的水量很大，但与黄河相比，还是小得很。在一般情况下，黄河之水是不能流到淇水和堰内，但夏秋季节暴雨集中，黄河洪峰暴涨，会倒灌到淇水中，进而威胁到枋堰和白沟运河。但枋头工程用巨木筑成的堰，并没有把淇水完全截断，而只是将淇水截分出一部分，引入"深渠高堤"的引水口之内，使白沟运河能有足够的水量以便通航。"深渠高堤"内还可供停泊船只，具有船坞的功能。从工程角度而言，枋头工程的设计是非常巧妙的。枋头工程也是巧妙利用了当时行水黄河（当时称河水）、淇水、古老的"山经禹贡河"河道，以及源头在内黄县的清水诸河河道之间的关系，在空间位置方面也是一个很好的选择。因此，枋头工程在古代是一项很了不起的水利工程。枋头工程与

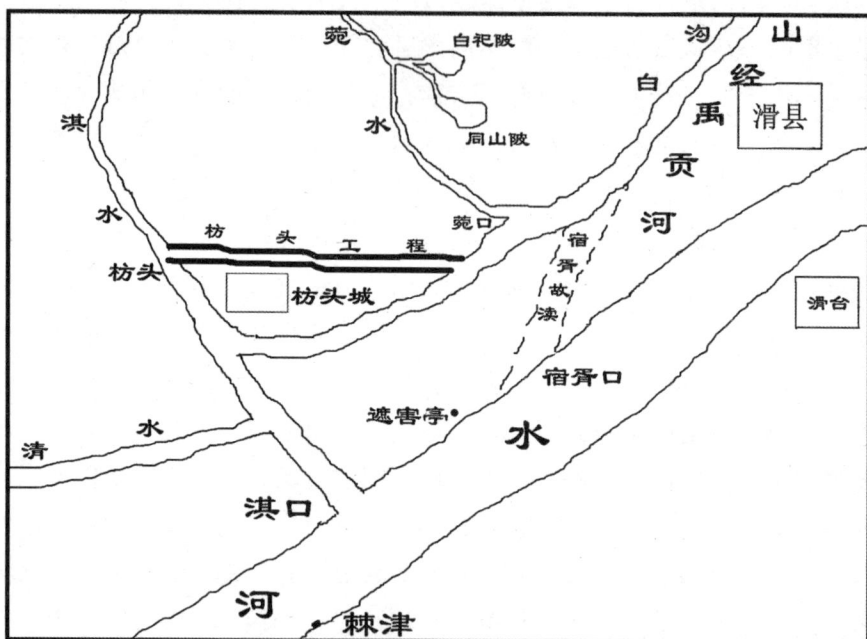

图5-4 枋头工程与淇水、白沟以及黄河空间关系示意图（隶书体字为《水经注》中地名与河名，宋体字为今地名）。

白沟的开凿，把清水、淇水与清河沟通，大大增加了清河的水量，更重要的是还把清河与黄河沟通，形成了一条将黄河与海河水系沟通的水运网络（见图5-4）。枋头工程和白沟运河体现了古代中华民族的聪明与智慧。

《水经注》还记载了曹操开通的一条"新河"运河。此条运河不见于其他文献的记载。该运河是由鲍丘河（古代对潮河的称谓）上的盐关口（位于今宝坻县东部）经由冀东的燕山山地南侧的山前地带，通到乐亭附近的濡水（滦河），是将鲍丘水与濡水沟通的一条运河（卷十四《濡水》）（见图5-2）。这条运河到郦道元时代就已废弃，成为干河。虽然其运行时间较短，但该运河横穿从冀东山地流出的诸多小河，又把山前地带诸多湖陂沼泽串联沟通，利用这些河流和湖陂沼泽作为其水源，体现了中国古代在巧妙利用环境条件和水资源方面的智慧，对今天仍有借鉴意义。

《水经注》还对沟通长江与淮河之间的运河工程开通历史进行系统梳理，是有关此段运河工程最早的详细记录（卷三十《淮水》），对于我国运河史的研究具有重要价值。此段运河早于大运河的开通，为后来的大运河的开通提供了先决条件。

郦道元对水利灌溉工程特别重视，留下许多宝贵记录。如前面提到的河套地区西部（即后套地区）今巴彦淖尔盟地区的引黄河灌溉系统，郦道元予以很高评价："枝渠东注以灌田，所谓智通在我矣。"（卷三《河水三》）这一记载表明，河套西部地区的引黄河灌溉历史很久，今天巴彦淖尔盟磴口县的三盛公黄河水利枢纽工程的位置和《水经注》记载的引水工程的位置可能大致相近。安徽淮河支流淝水上的芍陂水利工程（卷三十二《淝水》），历史上是一个著名的水利灌溉工程，郦道元亲自考察了该工程，《水经注》作了详细记述。此外，还记载在齐鲁大地上的潍河上百尺水埝（卷二十六《潍水》）、河南南阳地区的淯水的诸多人工水利工程，尤以豫章大陂为著称（卷三十一《淯水》），以及南阳地区的沘水上的马仁陂（卷三十一《沘水》）等水利工程。这些工程都是郦道元亲自考察的，有极大参考价值。还记载李冰修建的都江堰水利工程和成都的将岷江分为二江的工程（卷三十三《江水一》）等一系列大型水利工程。

还有许多水利工程，郦道元不仅亲自进行考察，做了记载，还转录了有关这些水利工程的碑文。其中有位于今郑州西面的古敖仓城东黄河上筑的石门和碑文（卷七《济水一》），三国魏时在沁水出太行山处的出山口修建的石门水利工程及碑文（卷九《沁水》），曹操在邺城遏漳水的水利工程"天井堰"（卷十《浊漳水》）、三国魏和晋两代在洛阳谷水上所建的千金堨和碑文（卷十六《谷水》），三国魏时驻守今北京地区的将领刘靖在古㶟水（永定河）之上筑戾(lì)陵堰，开车箱渠，引㶟水灌溉北京地区农田的《刘靖碑》（卷十四《鲍丘水》）等。特别是记录"千金堨"的碑文，该碑文是刻在堨旁立的一石人身上。碑文记录了历次修筑千金堨工程的具体情况，以及应控制的水位的具体高度的数据。堨即拦截河道的水坝。

《水经注》记载的这些水利工程及相关的碑文，对今天水利建设很有参考价值。

四、建筑内容甚丰富，受益今日多领域

建筑既是一门科学，又是工程技术，还是文化。《水经注》记载了大量有关建筑方面的内容，不仅大大丰富了建筑科技史，还对今天文化建设有重要参考价值。

《水经注》记载的有关建筑方面的内容极为丰富，包括建筑单体和城市。单体建筑包括桥梁、殿宇、塔、庙宇道观、亭台楼阁等。

《水经注》记载了黄河上建的最早一座悬空巨桥，是在大夏河注入

黄河与洮河注入黄河的两个河口之间的一个峡谷河段，建造一座跨黄河大桥："《秦州记》曰：抱罕有河夹岸，岸广四十丈。义熙中，乞佛于此河上作飞桥，桥高五十丈，三年乃就。"（卷二《河水二》）文中的"义熙"为东晋安帝年号，为公元405～418年。这是我国最早在黄河上建造大桥的记录，而且该桥高达50丈，即大致距河面高约150米，应是一座没有桥墩的悬空桥，这是一个很了不起的伟大工程。乞佛为北朝时期以甘肃临夏地区为中心的一个地方政权西秦国统治者的姓，西秦国的统治者，是鲜卑族的一支。东晋安帝义熙时期西秦国在位的先后有两个统治者，即乞佛乾归及其子乞佛炽磐。公元412年，乞佛乾归被他的兄弟害死，乞佛炽磐夺取统治权力，并将都城迁至枹罕（《水经注》中为抱罕，实际上应为枹罕）。西秦时的枹罕位于今兰州市南面临夏东北部，北魏时迁至今临夏（河州）。在乞佛炽磐时期（412～427年），西秦的势力达到最盛，疆土范围达到最大。显然，《水经注》所记载的黄河大桥应是在乞佛炽磐迁都至枹罕后所建。更精确地说，应是在公元412至418年期间所建。这座在黄河两岸宽达约120多米的黄河峡谷上架起的桥，为距水面高达约150米的悬空桥，在当时科学技术水平条件下，应是极为了不起的伟大工程。正是《水经注》的记载，我们才得以知晓早在1600多年前，生活在西北黄河上游的少数民族就能在黄河上架起一座极为壮观的大桥，这是黄河历史上架起的第一座桥。

《水经注》记载春秋时期晋国在临汾西南绛县西面的汾河上建造了一座大桥："汾水又径绛县故城北……汾水西径虒（sì）祁宫北，横水有故梁，截汾水中，凡有十三柱，柱径五尺，裁与水平，盖晋平公之故梁也。"（卷六《汾水》）晋平公在位时间为公元前557至532年，距今已有2500多年。该桥桥柱直径达5尺，可见该桥的规模很大。在2500多年前能造出规模如此之大的桥，应当是很了不起的。

《水经注》还记载了秦始皇建造的渭河大桥："（渭水）水上有梁，谓之渭桥，秦制也，亦曰横门桥。秦始皇作离宫于渭水南北，以象天宫。故《三辅黄图》曰：渭贯都以象天汉，横桥南度以法牵牛。桥广

六丈，南北三百八十步，六十八间，七百五十柱，一百二十二梁。桥之南北有堤激，立石柱。"（卷十九《渭水下》）

《水经注》记载了很多塔。北魏时期，佛教在华夏大地广为传播，各地建造很多寺庙和佛塔。其中洛阳永宁寺佛塔为九层，规模宏大（卷十六《谷水》）。郦道元关于永宁寺佛塔记载的可靠性，被现代考古研究所证实。

《水经注》记载了很多台。重要的有济水流经的酸枣县城东门外的韩王听讼台、邯郸的赵国的丛台、魏文帝在南阳建造的古台、易水流经的燕国昭王招徕天下贤达之士建造的黄金台，还有位于胶东的秦始皇建造用来观海的琅琊台等。但《水经注》记载的最为壮观的台为曹操所建的著名的邺城三台："城之西北有三台，皆因城为之基，巍然崇举，其高若山。"三台为铜雀台、金凤台和冰井台。三台中的铜雀台，后来后赵的统治者石虎又将其增高两丈，"连栋接榱，弥覆其上，盘回隔之……又于台上起五层楼，高十五丈，去地二十七丈，又作铜雀于楼巅，舒翼若飞。南则金凤台，高八丈，有屋一百九间。北曰冰井台，亦高八丈，有屋一百四十间，上有冰室，室有数井，井深十五丈。"（卷十《浊漳水》）如此壮观的三台，在中国建筑史上也是绝无仅有的，是中国建筑史上的奇观。

其他单体建筑无论在建筑史上还是文化史上的重要性都远逊于上述的桥梁、塔与台。

《水经注》对很多城市作了较详细的记述。城市既是一个时代的科学和工程技术的结晶，又是一个时期文化的体现和载体。《水经注》记载的诸多城市内容，对于了解北魏及以前的科学、工程、技术、文化乃至环境都有重要意义。

《水经注》记载的城市，较重要的有北魏前期的都城平城（位于今大同），以及邺城、洛阳城、长安城、南阳城、襄阳城、统万城。这些城郦道元都亲自考察过，其中有许多内容是不见于其他文献的。因此，有关这些古城的内容记载，弥足珍贵。

116

　　《水经注》记载的城市，其内容极为广泛，包括单体建筑物、城市的布局、城市水利、城市园林、城市环境、城市历史、城市文化（包括宗教）等诸多内容。例如关于北魏前期都城平城（位于今大同）记载内容，就有殿堂、庙宇、水利工程、园林等丰富内容，为今天研究古代大同城市历史留下了极为宝贵的记录。再如记载有关洛阳城的内容，有水利工程、殿堂、庙宇、园林等诸多内容，为研究北魏及以前洛阳城历史与文化留下宝贵记录。再如有关邺城的记述，记载了水利工程、殿堂、楼阁台、庙宇道观、园林等。这些内容，对于复原这些城市古代的面貌，具有极为宝贵的价值。

　　《水经注》记载的城市对于今天的科学价值可以用统万城为例。统万城遗址位于陕北无定河上游红柳河的北侧。统万城今天已是一座废弃在沙漠之中断垣残壁的废墟。郦道元亲自考察了统万城，留下了有关统万城的精彩描写。无定河在《水经注》中称奢延水。北魏占有这里以前，游牧于鄂尔多斯高原的匈奴族的一支部族，在其首领赫连勃勃的统领下逐渐强盛起来，夺取了南至关中，北至河套，西至银川平原，东至黄河的广大地区。赫连勃勃野心勃勃，想进而统辖万邦，于是在奢延水之北建造一座规模巨大雄伟壮观的大城作为他的都城，取名统万城。郦道元到这里考察，可能就是为了亲眼目睹统万城的壮观。他记载了统万城的城墙是经"蒸土加功"而筑，因此，城墙非常坚固。到郦道元时代，虽然已过了将近百年，但仍如新筑一般，"雉堞虽久，崇墉若新"。《水经注》又生动地记载了赫连勃勃在该城中造了各种鸟兽及翁钟等物件，这些物件体量很大，并用黄金将其包饰，极为华丽壮观："为龙雀大环，号曰大夏龙雀……大夏龙雀，名冠神都，可以怀远，可以柔逋（bū）。如风靡草，威服九区。世甚珍之。又铸铜为大鼓及飞廉、翁钟、铜驼、龙虎，皆以黄金饰之，列于宫殿之前。"（卷三《河水三》）文中的"龙雀大环"可能为金属制成的巨大的龙和凤组合而成的环形物。统万城今天虽然已成断垣残壁，但仍能显示出该城曾经的坚固和宏伟。郦道元的描述，为我们留下了古代建筑成就的宝贵记录。文中的"大夏"，即赫连勃勃所建的政权，自称"夏"。该政权后来被北魏消灭，北魏在此设夏州。文中的"九区"，即"九州"之意。

《水经注》所描写的如此华丽壮观的统万城，给我们留下许多值得思考的问题。今天周围是一片茫茫沙地的统万城遗址古代其周围也是这样的环境吗？古代如果也是这样的环境，当时统万城的居民是怎么生活的，如果古代统万城周围的环境不是现在这种样子，那么其周围环境发生了什么变化，等等，这些问题都是值得人们去思考的。

《水经注》记载统万城周围有许多河流，如有黑水、交兰水、镜波水（卷三《河水三》），根据这些河流的名称，以及其他相关历史文献和研究结果得知，古代统万城所在地区自然环境比今天要好一些，为草原环境，邻近地区还有湖泊，统万城的周围可以放牧较多的牲畜。

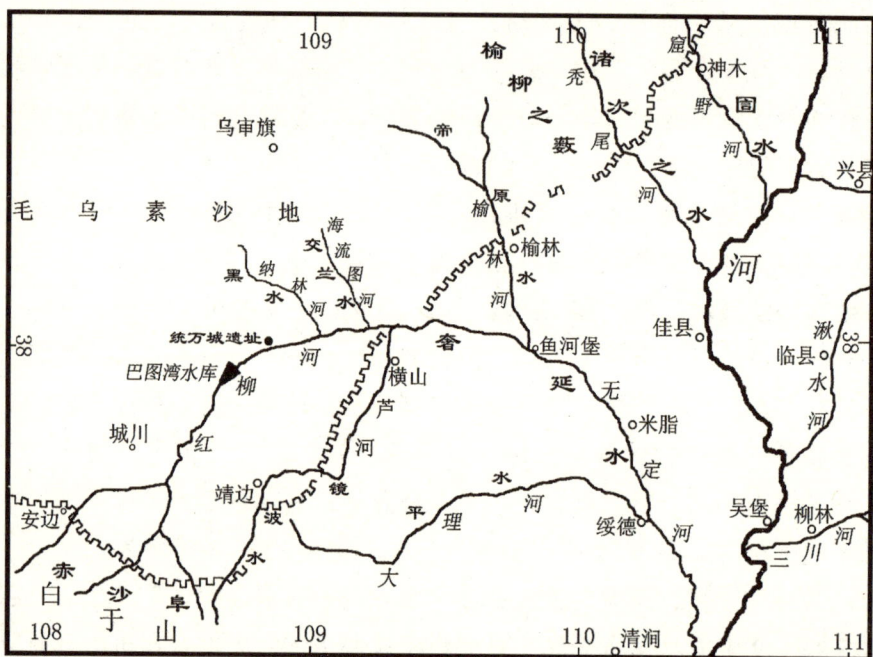

图5-5 《水经注》奢延水上游（红柳河）与统万城遗址位置（图中隶书体字为《水经注》地名，宋体字为今地名）。

同时，该城旁边的奢延水（今天称红柳河）河谷（见图5-5），有河水灌溉，可以进行农业种植（今天红柳河谷地也是一片农田）（见照片5-1、5-2、5-3）。正是由于自然环境相对较好，赫连勃勃才选择这里建造他的"都城"。由于气候的变化和人类活动对生态环境的破坏，导致生态环境恶化，统万城最后在北宋太宗淳化五年（公元994年）因深陷沙中，而被废弃。统万城的废弃留给我们很多值得思考和探索的问题。

五、诸多问题尚存疑，有待今人去探索

《水经注》的价值不仅在于它使我们知道了什么，还在于它为我们留下了许多有待解决的问题。《水经注》记载了许多至今仍是科学界中存在争议的或有待解决的并有着重要科学意义的问题。本书从中筛选出以下三个问题。

（一）关于碣石的位置和碣石入海的问题

碣石在中国历史上是一个很有名的地方。早在《禹贡》一书中就提到碣石。关于碣石位于哪里，现在有4种说法：一种说法认为历史文献所说的碣石位于今河北省秦皇岛市昌黎县城北面4公里的碣石山，持这一说法的较多；一种说法是位于乐亭县的滨海地带，持这一说法的人较少；第三种说法是位于山东省无棣县盐山，又称马谷山，持这一说法的人较少，主要为无棣县人；第四种说法是位于辽宁省绥中县万家镇止锚湾海滨，西距山海关15公里。持这一说法的是辽宁省考古人员，他们于20世纪后期在这里发现面积很大的秦汉遗址群，包括六处大型宫殿遗址，发现一座规模宏伟的高台级建筑，据认为是秦代行宫遗址，被称为

"碣石宫"。同时，还在相对的海中发现三个竖立的巨石，被认为是碣石。该遗址群1988年被列为全国重点文物保护单位。

关于"碣石入海"问题，在《水经注》中有多处记载。卷五《河水注五》："是以汉司空掾王璜言曰：往者天尝连雨，东北风，海水溢，西南出，侵数百里。故张君云：碣石在海中，盖沦于海水也。昔燕、齐辽旷，分置营州。今城届海滨，海水北侵，城垂沦者半。王璜之言，信而有征，碣石入海，非无证矣。"卷十四《濡水注》又记载关于碣石沉入海的问题："汉武帝亦尝登之，以望巨海，而勒其石于此。今枕海有石如埇道，数十里。当山顶，有大石如柱形，往往而见，立于巨海之中，潮水大至则隐，及潮波退，不动不没，不知深浅，世名之天桥柱也。状若人造，要亦非人力所就。韦昭亦指此以为碣石也……濡水于此南入海……昔在汉世，海水波襄，吞食地广，当同碣石，苞沦洪波也。"此段描述，显然与现在昌黎县西北的碣石山的位置和特点不同。最后在卷四十"碣石山"条下又说到海水入侵和碣石山沉海一事："［《经》文］碣石山在辽西临渝县南水中也。［《注》文］：大禹凿其石，夹右而纳河。秦始皇、汉武帝皆尝登之。海水西侵，岁月逾甚，而苞其山，故言水中矣。"文中的"临渝县"位于今秦皇岛市西，昌黎县东北。

关于《水经注》记载的碣石入海问题，长期以来受到质疑。质疑者认为，碣石是位于今昌黎县城北4公里的碣石山，此山高耸，古代根本不可能沉入海。如已故我国著名历史地理学泰斗谭其骧先生曾在20世纪70年撰文否定了郦道元的所谓"碣石入海"之说，即持这一观点。谭先生认为碣石即是昌黎县城北4公里的碣石山，没有任何证据表明该山在人类历史时期曾经沉入过海中。但近年来有关碣石所在何处，又被提出，诸如在乐亭滨海地带、山东无棣县盐山以及辽宁绥中县海滨诸处。于是，"碣石入海"的问题又需重新审视。

需要指出的是，郦道元亲自考察过濡水（今滦河），他到过滦河入海之处的海滨。《水经注》中有关滦河入海地带以及有关碣石的记述，应是他亲自所见。郦道元对汉代海水入侵和碣石沉海一事，他既考证了文献，并实地进行了考察。因此，有关碣石的位置到底在哪里，历史上是否发生过"碣石入海"的问题，尚需进一步探讨。

今天全球气候变化成为人类面临的一个重大环境问题，探讨历史上是否曾有过碣石沉海的问题，对于研究全球气候变化与海平面上升，意义甚大。因此，该问题应作为一个重大科学问题来对待和探讨。

此外，确定碣石在哪里，对于今天的文化建设也有很重要意义。秦始皇、汉武帝、曹操等中国历史上几位重要的帝王，都登过碣石。曹操还"东临碣石有遗篇"，写下《观沧海》的名篇。他们去过的碣石，是在今昌黎县城之北4公里的碣石山，还是位于乐亭县海滨，抑或是位于辽宁省绥中县万家镇止锚湾海滨，对于这里的文化建设都有重要意义。

（二）关于嘉陵江上游漾水与汉水关系的问题

《水经注》中记载的嘉陵江上游支流漾水，又称西汉水，在郦道元以前的文献中，多被说成是汉水的源流。如《禹贡》："导漾东流为汉是也。"班固、司马彪、袁山松也各在其所撰著的书中认为汉水有西源，其西源"西出西县之嶓冢山。"其西源即指漾水。《水经》也有同样的说法："漾水出陇西氐道县嶓冢山，东至武都沮县为汉水。"此外，阚骃对漾水与汉水的关系也未说清楚，既说漾水是汉水的源流，又说是流入嘉陵江："阚骃曰：汉或为漾……又言，陇西西县嶓冢山，西汉水所出，南入广魏白水。又云，漾水出潦道，东至武都入汉。"（卷二十一《漾水》）文中的"广魏白水"即指嘉陵江。此段有关阚骃的引文大意是，阚骃认为，汉水或许就是漾水，但阚骃又认为，西汉水（即漾水）南流注入嘉陵江。阚骃还认为，漾水东流，在武都注入汉水。显然，郦道元之前有关漾水与汉水关系的认识，似乎大多都不清楚。只是《山海经》记载漾水流入嘉陵江。

郦道元对嘉陵江上游支流漾水和对汉水上游源流的考察，第一个清楚地阐明了漾水与汉水的关系，明确地记载漾水不是汉水源流，而是嘉陵江的支流（卷二十《漾水》）（见图2-5）。郦道元虽然亲自考察漾水（西汉水），并阐述了该水为嘉陵江的支流。但他也认为，在他以前人们所认为的西汉水为汉水源流或许是有可能的，不能说阚骃所说的全错，认为古代可能漾水和汉水曾经是一条河，因此两条河才都有"汉"、"漾"的称谓，在嘉陵江流经的地方有广汉等地名："然川流隐伏，卒难详照，地理潜阂，变通无方，复不可全言阚氏之非也。虽津流派别，枝渠势悬，原始要终，潜流或一，故俱受汉、漾之名，纳方土之称，是其有汉川、汉阳、广汉、汉寿之号，或因其始，或据其终，纵异名互见，犹为汉、漾矣。川共目殊，或亦在斯。"（卷二十《漾水》）

今天也有研究者认为古代西汉水可能是汉水的源流，后来由于嘉陵江的袭夺，将西汉水截夺过来而脱离汉水。另外，从现代地理学的角度来分析，汉水源头与嘉陵江上游，在地图上呈垂直的关系（见图2-5），汉水源头好像是被截断了似的，显得很不合自然规律。若漾水（西汉水）的确曾经是汉水的源流，那么，西汉水是在什么时代脱离了汉水，而成为嘉陵江的支流，又是什么原因造成西汉水脱离汉水？是嘉陵江上游的侵蚀造成的袭夺，还是由于地震或是其他原因？由于嘉陵江上游地区位于青藏高原东北缘，这里历史上地震、山崩、滑坡等自然灾害频繁，因此，需研究嘉陵江上游支流漾水与汉水在古代是否有关系，漾水在上古时期是否是汉水的源流，是什么原因导致漾水脱离了汉水，而成为嘉陵江的支流，显然，阐明这些问题对于这一灾害频发地区的灾害评估和制定相应对策具有重要意义。

（三）《水经注》记载塔里木盆地东部"注宾城"与"小河古城遗址"关系问题

《水经注》记载塔里木盆地东部有一城称注宾城。《水经注》记载古代塔里木河分为南北两支，分别称之为南河和北河。在对南河的记载中，提到注宾河和敦煌人索劢（mài）横断注宾河进行灌溉屯垦以及注宾城："南河又东径且末国北，又东，右会阿耨达大水……又曰且末河，东北流，径且末北，又流而左会南河。会流东逝，通为注宾河。注宾河又东，径鄯善国北……敦煌索劢（mài），字彦义，有才略。刺史毛奕表行贰师将军，将酒泉、敦煌兵千人，至楼兰屯田，劢起白屋，召鄯善、焉耆、龟兹三国兵各千，横断注宾河。河断之日，水奋势激，波凌冒隄……劢躬祷祀，水犹未减，乃列阵被杖……大战三日，水乃会减，灌浸沃衍，胡人称神。大田三年，积粟百万，威服外国。"在北河的叙述中则记载北河在接纳了敦薨之水（即今孔雀河）后，又东流经墨山国南，又经注宾城之南："（北河）又东，注宾城南，又东径楼兰城南而东注……河水又东，注于泑泽，即《经》所谓蒲昌海也。"注宾城仅见于《水经注》，既不见于二十四史，也不见于郦道元之前和之后的各种有关新疆地区的各种文献。

关于《水经注》记载的注宾城的位置，最早在20世纪初期英国考古学家斯坦因在今尉犁县东孔雀河北侧的营盘发现古城遗址，认为营盘古城即《水经注》中的注宾城。我国著名历史地理学家黄盛璋先生亦撰文认为注宾城位于营盘。2008年我国学者对塔里木河下游进行科学考察，在"小河墓地"西北6.3公里处发现一规模仅次于楼兰古城的古城遗址，并对该古城遗址进行年代学研究，测定新发现的古城城墙年代大约在公元440—500年左右，即处于北魏时期。参加科学考察的吕厚远等人认为，根据墙体年代和初步发现的文物类型及地理位置，新发现的古城遗址有可能是《水经注》记载的"注宾城"，并将该遗址暂定名为"注宾河古城遗址"[①]。

但《水经注》记载注宾城位于北河之北。根据《水经注》的记载，营盘遗址的位置似乎更有可能是注宾城。那么，位于小河西侧的古城遗址又应是什么城呢？由于"小河墓地"举世闻名，是新疆继楼兰、尼雅两个遗址之后，又一个引起世人关注的考古遗址，由于这里出土干尸之

---

①吕厚远、夏训诚、刘嘉麒等，《罗布泊新发现古城与5个考古遗址的年代学初步研究》，《科学通报》，2010年第3期。

多、墓葬形制之独特、出土奇特文物数量之多，被评定为2004年全国十大考古发现之一，是继楼兰古城之后，新疆又一个历史地理研究的亮点（见图5-6）。而新发现的位于"小河墓地"西侧的古城遗址，由于邻近小河墓地，更显得神秘。这个古城是否就是《水经注》所记载的注宾城呢？如果该古城就是注宾城，那么《水经注》记载的注宾城位于北河之北又应如何理解呢？这座古城与周围其他几个古城遗址之间又是什么关系？古代这里的自然环境又是怎样呢？等等。总之，就此古城和《水经注》记载的注宾城，可以提出许多问题。这些问题，对于研究塔里木盆地自然环境的历史以及人文历史，都具有重要意义。

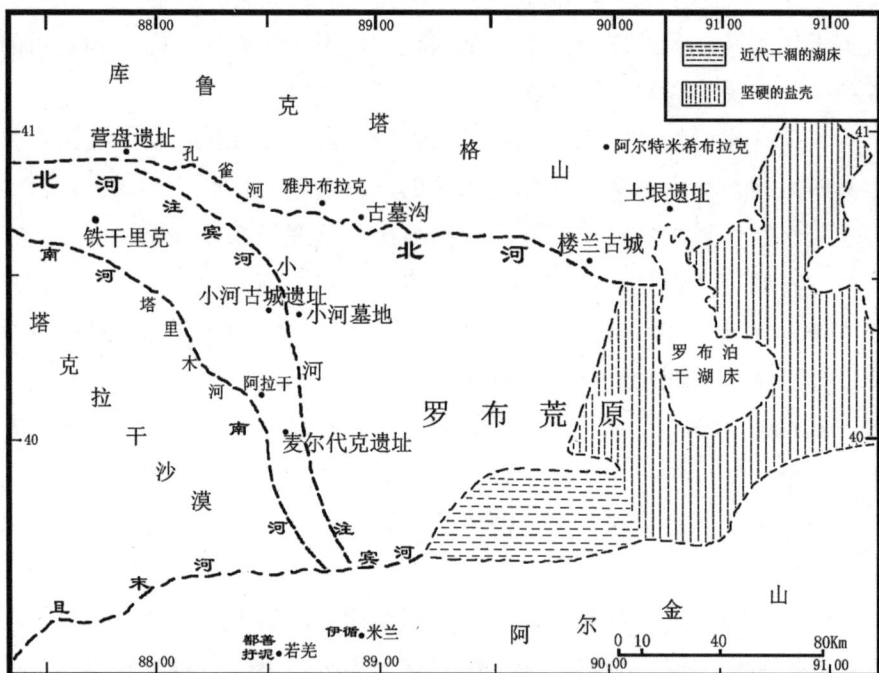

图5-6 塔里木盆地东部主要古遗址分布图（隶书体字为《水经注》中的地名，宋体字为今地名）。

第六章

『水经注』的文化价值

《水经注》记载的丰富内容，有着广泛的文化价值。如记载大量有关中华民族先祖的事迹，包括中华民族先祖的出生地、他们建造的都城、他们的陵墓、后人祭祀先祖的祠庙与祭祀文化、有关先祖的传说，此外还记载历史名人的故里、墓葬，还记载大量碑刻、建筑、庙宇和佛塔、典故、民俗、传闻、神话故事等丰富内容，以及还记录的大量历史事件，引用了大量诗词歌赋等，这些内容有着广泛的文化价值。其中许多内容，已有不少论著予以研究和阐述。本书试就传承中华先祖文化价值、文学价值、美学价值与旅游价值诸方面，略陈浅见。

一、三皇五帝遗迹寻，中华先祖文化传

中华民族的先祖，通常被称为三皇五帝，包括伏羲、女娲、神农、黄帝、颛顼、尧、舜、禹等诸位先祖。对这些先祖的尊崇和祭祀，是中华传统文化的核心。中华民族的先祖是联系炎黄子孙的纽带。中华民族的先祖文化，是中华民族作为统一民族的基础。中国历史上，虽然曾几度分裂为南北对立的政权，但南北政权崇奉的先祖都是三皇五帝。因此，分裂局面最后都能统一。

郦道元尊崇中华民族先祖，一方面与生长于汉族知识分子家庭，从小受到儒家思想和儒家文化的教育和熏陶有很大关系，但另一方面与他所处的北魏社会历史大背景也应有一定关系。北魏王朝的统治者拓跋氏鲜卑为了巩固和加强其统治，吸收儒家文化，并标榜他们也是炎黄子孙，是中华先祖文化的正统传承者。早在北魏初年，就举行祭祀太皞伏

羲和祭祀黄帝的活动，并宣称他们是黄帝之后。北魏皇帝还亲幸位于涿鹿（位于今河北省张家口市域）的桥山，并派遣相关部门祭祀黄帝庙和尧庙。还祭祀北岳恒山、中岳嵩山等中原名山，祭祀孔子。太和十四年，大臣高闾向孝文帝建议，自古以来，凡是位居权力最高位置者，都标榜自己为承天受命的人，"莫不以中原为正统，神州为帝宅"。文中的"中原"、"神州"都是指今河南省地域，所谓"神州为帝宅"，即应以中原地区为建都之地。当时北魏的都城为平城（位于今山西大同），而当时北魏朝已拥有中原，高闾建议实行夏商周汉代以来的礼制，继承正统①。于是，太和十六年，皇帝下诏祭祀尧、舜、禹："帝尧树则天之功，兴巍巍之治，可祀于平阳。虞舜播太平之风，致无为之化，可祀于广宁。夏禹御洪水之灾，建天下利，可祀于安阳。"② 这样，北魏王朝向中华传统文化的正统继承者的目标逐渐逼近。文中的平阳位于今山西临汾，广宁位于今河北省张家口地区涿鹿，安阳即今河南安阳。孝文帝拓跋宏还雄心勃勃，于太和十七年作出把都城从平城迁到洛阳的决定，并于太和十九年就完成了迁都工作。于是，北魏王朝向"正统"的目标又迈出了重要的一步。

青少年时期的郦道元正处在北魏政权蒸蒸向上和有远大抱负的孝文帝时期，孝文帝对中华先祖的尊崇和他的远大抱负无疑激发了郦道元对中华先祖文化的深厚情结。

郦道元在《水经注》中，记载了大量有关中华民族先祖的内容，主要包括先祖的出生地和故里，先祖的活动地域，先祖的事迹和传说，先祖的陵墓，以及各地尊奉和祭祀先祖的祠庙等内容。这些内容除了郦道元从先前文献中汇集，还有很多是他在实地考察中了解收集到的。这些内容充分表明郦道元对中华民族的先祖极为尊崇，对与先祖有关的文化的关切。可以说，《水经注》一书是中华先祖文化的大荟萃。收集和宣扬中华民族先祖文化，是郦道元热爱中华民族的表现，是他具有大一统

---

① 《魏书·孝文帝记》。
② 《魏书·礼志一》。

思想的基础。

郦道元在对北方地区的考察中，特别注意收集有关中华先祖的事迹和传说，其中包括太昊伏羲、女娲、神农、黄帝、尧、舜、禹等的出生地、陵墓、活动地域、人们祭祀的祠堂、各种传说等。可以说，《水经注》也是一部有关中华先祖文化集大成的著作。

《水经注》记载的有关中华先祖遗迹，在空间上主要集中分布在六个地区：以渭河流域为中心的地区（包括陕北地区）；晋西南的临汾和运城地区；河南省的河洛地区；河南省东部平原地区；山东省西部地区；河北省涿鹿县。

在渭河流域和陕北这一地区，《水经注》记载渭河支流瓦亭水流域的成纪县为伏羲出生地："瓦亭水又南，径成纪县东，历长离川，谓之长离水。右与成纪水合，水导源西北当亭川，东流出破石峡，津流遂断。故渎东径成纪县故城东，帝太皞庖羲所生处也。"文中的帝太皞庖羲即伏羲。文中前面提到的成纪县是指北魏时期的成纪县，后面提到的成纪故城乃是指西汉时期的成纪县县城，二者不在同一地方。《水经注》又记载瓦亭水流经的显亲县有女娲祠："瓦亭水又南，出显亲峡，石岩水注之。水出北山，山上有女娲祠。庖羲氏之后有帝女娲焉，与神农为三皇矣。"（卷十七《渭水上》）瓦亭水即今葫芦河。北魏时期的成纪县和显亲县都位于今天水市北面的秦安县。这两处有关伏羲和女娲的记载，不见于其他文献，是郦道元亲自考察所了解到的。20世纪后期在秦安县发现的大地湾遗址，为距今5000~8000年大型遗址。出土了大型房屋基址，以及我国最早的绘画、我国五谷之一的稷的遗存、我国最早的彩陶。《水经注》的记载和考古发现相互印证，表明这里是中华文明的发祥地之一。而且还表明，这里供奉和祭祀伏羲和女娲的文化历史悠久，传承沿袭不断，直至今天。可见，《水经注》记载的祭祀先祖的内容所具有的重要意义。

《水经注》还记载天水地区有轩辕谷："渭水又东南合径谷水，水出西南径谷之山……乱流西北，出径谷峡。又西北，轩辕谷水注之。

水出南山轩辕溪，南安姚瞻以为黄帝生于天水，在上封城东七十里轩辕谷。皇甫谧云生寿邱，邱在鲁东门北，未知孰是也。"文中的寿邱，位于今山东曲阜。这一记载表明，古代有关黄帝出生地就有几种不同说法，今天虽然黄帝的出生地被认定在河南新郑县，但《水经注》记载的天水地区的轩辕谷可能也与黄帝有一定关系。《水经注》还记载在今宝鸡地区有黄帝文化的遗迹及神农氏的文化遗迹："（陈仓县）县有陈仓山，山上有宝鸡祠。《地理志》曰：有上公、明星、黄帝孙、舜妻盲冢祠。"（卷十七《渭水上》）陈仓县即位于今宝鸡市。此段内容虽然是引自《汉书·地理志》，但郦道元也亲自考察了这里。这一记载表明，这里有关黄帝孙等先祖的祭祀文化传统有悠久历史。

《水经注》又记载今宝鸡地区有神农氏的文化遗迹："岐水又东，径姜氏城南为姜水。按《世本》，炎帝姜姓。《帝王世纪》曰：炎帝，神农氏，姜姓，母女登，游华阳，感神而生炎帝，长于姜水。"（卷十八《渭水中》）今在宝鸡有炎帝陵，宝鸡市每年都举行祭祀炎帝的活动。

《水经注》记载陕北桥山有黄帝冢："（桥山）王莽更名上陵畤（zhì），山上有黄帝冢故也。帝崩，惟弓箭存焉，故世称黄帝仙矣。"（卷三《河水三》）陕北地区发现新石器时代文化遗存很多，又有很多关于黄帝的传说。由此，学者们认为，陕北地区是黄帝的重要活动地区。黄帝陵现在位于陕北黄陵县城北桥山。

上述记载表明，渭河流域，包括陕北地区，是中华民族的重要发祥地之一，这里可能是传说中的三皇，即伏羲、女娲和神农氏的重要活动区域。考古研究表明，渭河流域是仰韶文化的发祥地，也是仰韶文化分布的核心区域。《水经注》有关渭河流域先祖文化的记载，与考古研究相互印证，表明渭河流域，包括陕北地区，是中华民族的重要发祥地之一。

《水经注》记载晋西南的临汾和运城地区有大量有关尧、舜、禹的文化遗迹。

《水经注》记载晋西南地区尧的文化遗迹有两处：一处在雷首山（位于今山西省西南端的永济县）："河水南径雷首山西，山临大河……俗亦谓之尧山，山上有故城，世又曰尧城。阚骃曰：蒲坂，尧都。按《地理志》曰，县有尧山、首山祠。"（卷四《河水四》）另一处在平阳的汾河之旁："水侧有尧庙。"（卷六《汾水》）平阳位于今临汾。

20世纪后期考古工作者在临汾市襄汾县对陶寺遗址进行研究，发现这是一处规模极大的龙山文化遗址，时代大约在公元前2500～公元前2000年，即距今约4000～4500年前，这里发现史前时期规模最大的古城遗迹，有城垣、宫殿，还有大型祭台或观象台，有随葬品丰富的大墓，出土有铜器残片、玉器、陶礼器等丰富文物。陶寺遗址被认为是尧的政治中心。陶寺遗址的发现表明，《水经注》有关晋西南地区尧文化遗迹的记载，与考古发现的尧都和尧文化，可以相互印证。

《水经注》记载晋西南地区舜文化遗迹主要分布在运城地区最西南端的永济县："河水又南径陶城西，舜陶河滨，皇甫士安以为定陶，不在此也。然陶城在蒲坂城北，城即舜所都也。南去历山不远，或耕或陶，所在则可，何必定陶方得为陶也？舜之陶也，斯或一焉？！"陶城、蒲坂皆在今永济县。皇甫士安即皇甫谧，晋代学者。《水经注》又记蒲坂城："皇甫谧曰：舜所都也。或言蒲坂，或言平阳……今城中有舜庙……郡南有历山，谓之历观，舜所耕处也。有舜井。妫、汭二水出焉。南曰妫水，北曰汭水。西径历山下，上有舜庙。"（卷四《河水四》）郡南即指蒲坂城南，北魏时河东郡郡治位于蒲坂。蒲坂位于今晋西南的永济县。

尧、舜的时代相当于考古文化的龙山文化时期。在晋西南的临汾和运城地区，龙山文化遗址分布很广泛，除上述的襄汾县陶寺遗址，在临汾市北面的洪洞县、在临汾市南面的侯马、在运城地区的垣曲和永济等都广泛分布。此外，有关尧和舜的文化现在还广为流传。如关于传说中的舜耕历山，现在在晋西南地区就有多个历山，除《水经注》记载的在蒲坂（今永济县）有历山，在临汾市北面的洪洞县亦有历山。2000年，笔者作为中央电视台拍摄《尧都》节目顾问，曾到洪洞县历山考察。该山位于汾河西侧，山体只有不到200米的高度，山坡覆盖着厚层黄土，在整个山坡的黄土层中，龙山文化的窑洞居址随处可见，有的窑洞地面用白灰抹成，坚硬而光洁。在该历山上现在还有尧庙、舜庙、尧的二女娥皇、女英庙。山下汾河之畔的村庄，每年还举行接姑姑回娘家和送娘娘的民俗活动，以纪念尧嫁二女娥皇、女英——舜娶尧的二女。这一民俗活动被认为是尧、舜文化的活化石。此外，在垣曲县亦有历山，近年在垣曲县发现许多龙山文化遗址，以及该县也有纪念舜的庙宇和文化遗迹。这些都说明有关尧、舜的文化在晋西南地区分布很广，《水经注》有关晋西南地区尧舜文化遗迹的记载，与广泛分布的龙山文化遗址以及现在还广泛存在的有关纪念尧舜的文化相印证。

《水经注》还记载晋西南的安邑为禹都："安邑，禹都也。禹娶塗山氏女，思恋本国，筑台以望之，今城南门台基犹存。"（卷六《涑水》）禹都安邑位于今晋西南夏县。20世纪后期在山西夏县发现的东下冯遗址，其时代约在公元前1900～公元前1600年期间，这一时期正是夏代时期，这与《水经注》的记载相印证。

以洛阳为中心的洛阳盆地，以及与北面的黄河之间的地域，在中华民族早期历史中扮演着重要角色，历史上又称之为河洛地区。《水经注》的记载表明，这一地区不仅在汉唐时期曾是中国的政治中心，在中华民族早期历史中，也曾是政治中心。在洛阳东面的偃师，曾是帝喾的都城所在："谷水又东，径偃师城南。皇甫谧曰：帝喾作都于亳，偃师是也。"（卷十六《谷水》）商代盘庚迁都来此，"阳渠水又东，径亳殷南，昔盘庚所迁，改商曰殷，自此始也。"阳渠水即谷水的别称，谷水为洛阳地区洛河的支流。《水经注》中的这一记载，对商代历史研究，具有极为重要的价值。

河南省中东部地区，包括前山地带和平原地区，《水经注》记载了在这一地区有众多先祖文化遗迹。在今登封县境内曾是禹的政治中心，有周公测景台："颍水径其县故城南。昔舜禅禹，禹避商均，伯益避启，并于此也。亦周公以土圭测日景处。"（卷二十二《颍水》）文中的县为汉代阳城县，位于今河南省郑州市登封县境。又记载："颍水自崛东径阳翟县故城北，夏禹始封于此，为夏国。" 阳翟县为汉代县，也位于今登封县境。

今淮阳县为伏羲、神农之都。《水经注》记载："（沙水）又东南径陈城北，故陈国也。伏羲、神农并都之。城东北三十许里，犹有羲城实中。舜后妫满，为周陶正，武王赖其器用，妻以元女太姬而封诸陈，以备三恪。太姬好祭祀，故《诗》所谓坎其击鼓，宛丘之下。"（卷二十二《渠沙水》）陈城、陈国位于今河南省淮阳县，古称宛丘。周武王封舜之后于此，为陈国。今在淮阳县城北有伏羲陵，当地有许多关于伏羲的传说，这里还有古老的民俗，如制作形象古朴的泥塑泥狗狗，是中华民族古老文化的活化石。

《水经注》记载今新郑为黄帝之都："洧水又东径新郑县故城中……皇甫士安《帝王世纪》云：或言县故有熊氏之墟，黄帝之所都也。"（卷二十二《洧水》）有熊氏即黄帝的部族。此外，《水经注》还记载黄帝登"具茨之山"（卷二十二《溱水注》）。"具茨之山"位于新郑县西南，为颍水支流溱水的源头。

《水经注》还记载淇水下游有帝喾冢和颛顼冢："淇水又东北流，谓之白沟，径雍榆城南……淇水又北，径其城东。东北径同山东，又东北径帝喾冢西，世谓之顿邱台，非也。《皇览》曰：帝喾冢在东郡濮阳顿丘城南，台阴野中者也。又北径白祀山东，历广阳里，径颛顼冢西，俗谓之殷王陵，非也。《帝王世纪》曰：颛顼葬东郡顿丘城南，广阳里大冢者是也。"（卷九《淇水》）另外，《水经注》又在卷二十四《瓠子河》中记载濮阳城东北有颛顼冢："河水旧东流，径濮阳城东北，故卫也。帝颛顼之墟……或谓之帝丘。"帝喾冢和颛顼冢今天位于河南省内黄县城西南30公里梁庄镇三杨庄村西北处，这里古代属于濮阳郡（另外，在河南商丘也有一个帝喾冢）。在内黄县的颛顼冢和帝喾冢陵区，发现大量仰韶文化时期的陶片。1987年，在河南省濮阳县城西南面的西水坡发现6000年前的仰韶文化时期墓葬群，其中一男性墓主人骨架两侧有用贝壳摆成的龙和虎的图形，被称为中华第一龙。濮阳在历史上又被称为帝丘。内黄县颛顼帝喾陵距发现中华第一龙的濮阳西水坡25公里。颛顼为黄帝之孙，帝喾为黄帝曾孙。考古发现的中华第一龙、古代将濮阳称为帝丘以及《水经注》记载的帝喾冢和颛顼冢，这三者之间应存在联系，说明濮阳及其周围地区在中华民族早期历史中也是一个重要地方。

《水经注》还记载河南汝水源头有尧山（卷二十一《汝水》）。

上述《水经注》记载的河南省中部和东部平原先祖文化的分布，与这里的环境有密切关系。这一地区环境的主要特点为黄河冲积扇，正是黄河母亲哺育了生活在这里的中华民族先祖。

《水经注》记载表明，齐鲁地区也是中华民族先祖文化的重要分布地区。

《水经注》记载山东曲阜为少昊之墟："县即曲阜之地，少昊之墟。"（卷二十五《泗水》）这里的"县"为鲁县，位于曲阜，墟即都城。少昊为黄帝的长子，东夷族的首领，东夷族以鸟为崇拜图腾，故有少昊"以鸟命官"之说。少昊建都于今曲阜。

《水经注》记载鲁南沂水流域的郯县和沭水流域的莒县为少昊的后代居住地："（郯县）郯故国也，少昊之后。《春秋·昭公十七年》，郯子朝鲁，公与之宴……问曰：少昊鸟命官，何也？郯子曰：吾祖也，我知之。黄帝、炎帝以云、火纪官，太皞以龙纪。少昊瑞凤鸟，统历鸟官之司，议政斯在。"（卷二十五《沂水》）又在卷二十六《沭水》中记载："（莒县）《地理志》曰：莒子之国，盈姓也，少昊后。"

山东省考古研究表明，少昊文化在其不断发展过程中，其分布空间也发生转移，《水经注》的记载与考古研究结果可相互补充。

《水经注》还记载鲁西地区有尧陵、雷泽和历山："瓠河又右径雷泽北，其泽薮在大城阳县故城西北一十余里……其陂东西二十余里，南北一十五里，即舜所渔也。泽之东南即成阳县……《地理志》曰：成阳有尧冢、灵台。今成阳城西二里有尧陵，陵南一里有尧母庆都陵，于城为西南，称曰灵台……二陵南北列，驰道径通。皆以砖砌之，尚修整。尧陵东城西五十余步，中山夫人祠，尧妃也……雷泽西南十许里，有小山，孤立峻上，亭亭傑峙，谓之历山。山北有小阜，南属迆泽之东北。有陶墟，缘生言舜耕陶所在，墟阜联属，滨带瓠河也。郑玄曰：历山在河东，今有舜井。皇甫谧或言，今济阴历山是也。与雷泽相比，余谓郑玄之言为然。故扬雄《河东赋》曰：登历观而遥望兮，聊浮游于河之岩。今雷首山西枕大河，校之图纬，于事为允。士安又云：定陶西南陶丘，舜所陶也。不言在此，缘生为失。"（卷二十四《瓠子河》）关于《水经注》记载的尧陵位置有两说：一说位于菏泽市牡丹区胡集乡尧王寺，此地南距菏泽市区约15公里；一说位于距鄄城县城7公里的富春乡谷林，近年在此出土清代乾隆时期的石牌坊及清代碑刻。但此二地相距不远。《水经注》有关尧陵和雷泽等的记述，其方位和距离等表述得很具体，是郦道元亲自考察的记录，具有重要意义。如关于雷泽的位置，据此记述，可大致确定在今鄄城县城西北。但关于历山的位置，郦道元认为郑玄的说法更合理。郑玄认为历山在晋西南，晋西南古代称河东。郑玄虽然是东汉时期的大学者，但他的说法未必正确。关于雷泽在鲁西地区，郦道元认为是可信的。郦道元的这一认识应该说是正确的。但他把历山与雷泽分开，相信郑玄和汉代扬雄的说法，认为历山是在晋西南则是错误的认识。最早记载舜耕历山和渔于雷泽的是《墨子·尚贤下》："昔者，舜耕于历山，陶于河濒，渔于雷泽，灰于常阳，尧得之服泽之阳，立为天子。"据此，历山与雷泽应是毗邻存在的，郦道元把历山与雷泽分开显然是不恰当的。

《水经注》还记载历城泺水源头的泉旁有舜妃娥英庙，历城南山有舜祠："（泺水）俗谓之娥姜水，以泉源有舜妃娥英庙故也。城南对山，山上有舜祠。山下有大穴，谓之舜井……舜耕历山，亦云在此，所未详也。"（卷八《济水二》）历城即今济南。这里，郦道元表现出困惑：一方面，他在晋西南地区考察，看到那里有大量祭祀尧、舜的文化遗迹，并认为那里是尧、舜活动的地方；但是他又在历城见到祭祀舜的文化遗迹，所以他感到不可理解，故有"所未详也"之语。其实，齐鲁之地和晋西南这两个地区都存在祭祀舜的文化传统，并不难理解，表明在舜的时代，可能有部落或部族的迁徙。虽然郦道元对两地都存在祭祀舜的文化传统表示不可理解，但他能如实地把看到的在历城也有祭祀舜的文化遗迹记录下来，也是很可贵的，对于中华民族远古历史的研究有重要意义。

山东淄水支流浊水上游有尧山祠："浊水东北流径尧山东，《从征记》曰：广固城北三里有尧山祠，尧因巡狩登此山，后人遂以名山。庙在山之左麓。庙像东面，华宇修整，帝图严饰，轩冕之容穆然。"（卷二十六《淄水》）

上述《水经注》有关齐鲁大地先祖文化的记载表明，齐鲁大地也是中华民族的重要发祥地。

《水经注》记载的有关中华先祖文化的另一个重要分布地是在今张家口市涿鹿县，这里有黄帝、蚩尤和舜等先祖的文化遗迹："漯水又东，温泉水注之。水上承温泉于桥山下。《魏土地记》曰：下洛城东南四十里有桥山，山下有温泉，""漯水又东，径潘县故城北，东合协阳关水……其水东北流，历笄头山。阚骃曰：笄头山在潘城南。又北径潘县故城……或云，舜所都也。《魏土地记》曰：下洛城西南四十里有潘城，城西北三里有历山，山上有虞舜庙。"又记载涿鹿县有黄帝与蚩尤的活动遗迹："涿水出涿鹿山……径涿鹿县故城南……黄帝与蚩尤战于涿鹿之野，而邑于涿鹿之阿，即于是也。其水又东北与阪泉合，水导源县之东泉。《魏土地记》曰：下洛城东南六十里，有涿鹿城，城东一里有阪泉，泉上有黄帝祠。《晋太康地记》曰：阪泉，亦地名也。泉水东北流，与蚩尤泉会，水出蚩尤城。城无东面。《魏土地记》称：涿鹿城东南六里有蚩尤城。"（卷十三《漯水》）下洛城位于今河北省张家口市涿鹿县西南部，则潘城也位于今涿鹿县境。

上世纪后期以来，在涿鹿县发现大量新石器时代的文化遗存，而且在百姓中流传有关黄帝在涿鹿与蚩尤大战的传说故事。涿鹿的桥山，也被认为是黄帝陵所在。北魏时期，北魏朝廷还专门派人来涿鹿桥山祭祀黄帝。此外，这里还有蚩尤的传说故事，有蚩尤墓等。《水经注》的记载，保存了有关涿鹿县境先圣文化的重要信息，对于研究中华民族远古历史有重要意义。

除了上述先祖文化集中分布的六个地区外，《水经注》还记载了先祖文化广泛分布于其他地区。

《水经注》记载华北平原西侧的太行山地区有两处祭祀尧的尧庙：一处在唐城北五里的尧山："（唐城）城北去尧山五里……俗谓之都山，即是尧山，在唐东北望都界……今山于城北如东，崭绝孤峙，虎牙桀立。山南有尧庙，是即尧所登之山者也。《地理志》曰：尧山在南。今考此城之南，又无山以应之，是故先后论者，或以《地理志》之说为失……又于是城之南如东一十余里，有一城，俗谓之高昌县城，或望都之故城也，故县目曰望都。县在唐南……此城之东，有山孤峙……疑即所谓都山也。《帝王世纪》曰：尧母庆都所居。正晏曰：尧山在北，尧母庆都山在南，登尧山见都山，故望都县以为名也。"（卷十一《滱水》）一处在浊漳水源头的晋东南长治地区："（浊漳水）又东，尧水自西山东北流，径尧庙北。又东，径长子县故城南。"（卷十《浊漳水》）长子县为汉代县，位于今晋东南的长治市。

《水经注》记载湖北省随州东北的㵐（liáo）水源头有神农文化遗迹："㵐水北出大义山，南至厉乡西，赐水入焉。水源东出大紫山，分为二水。一水西径厉乡南，水南有重山，即烈山也。山下有一穴，父老相传，云是神农所生处也，故《礼》谓之烈山氏。水北有九井，子书所谓神农既诞，九井自穿，谓斯水也。又言汲一井则众水动。井今堙塞，遗迹髣髴存焉。亦云赖乡，故赖国也。有神农社。赐水西南流，入于㵐。"（卷三十二《㵐水》）

郦道元对大禹特别尊崇，对于有关大禹治水和导河的传说深信不疑。《水经注》中记载大禹治理了黄河，认为位于晋陕之间的龙门、三门峡、洛阳南面伊水的伊阙、长江三峡等峡谷，都是大禹开凿而使这些河流通畅。

《水经注》记载了许多有关大禹的传说、祭祀活动等内容。

《水经注》记载"洮水又东，径临洮县故城北。禹治洪水，西至洮水之上，见长人，受黑玉书于厮水上。"（卷二《洮水》）又记载洮水下游的支流大夏川水所经的大夏县有禹庙："洮水右合二水，左会大夏川水，水出西山……（大夏川）又东北径大夏县故城南……《晋书地道记》曰：县有禹庙，禹所出也。"

《水经注》记载淮河蚌埠有禹聚、禹墟："淮水自莫邪山，东径马头城北，魏马头郡治也，故当涂县之故城也。《吕氏春秋》曰：禹娶涂山氏女，不以私害公，自辛至甲四日，复往治水。故江淮之俗，以辛壬癸甲为嫁娶日也。禹聚在山西南，县即其地也……淮水又东北，濠水注之。水出莫邪山东北溪，溪水西北引渎，径禹墟北，又西流，注入淮。"（卷三十《淮水》）禹聚、禹墟，位于今蚌埠市西。文中的当涂县为西汉时期的当涂县，位于今蚌埠市西面，涂山位于蚌埠市西面的怀远县东南。近年在蚌埠市西面的禹会村进行考古发掘，发现大型龙山文化遗址，发现祭台遗迹和大型集会场所，发现有龙纹的陶片，据认为可能是大禹会诸侯之处，说明这里有关禹的传说可能并非虚构。

《水经注》还记载先祖文化在南方有广泛分布。

《水经注》记载湘江流域舜庙有多处。在湘江最上游九嶷山的山南和山的东北各有舜庙："营水出营阳泠道县南流山，西流径九疑山下，蟠基苍梧之野，峰秀数郡之间。罗岩九举，各导一溪，岫壑负阻，异岭同势，游者疑焉，故曰九疑山。大舜窆其阳，商均葬其阴。山南有舜庙，前有石碑，文字缺落，不可复识……山之东北，泠道县界，又有舜庙。县南有舜碑，碑是零陵太守徐俭立……太史公曰：舜葬九疑，实惟零陵。"（卷三十八《湘水》）营水今称潇水，为湘江上游河段。文中将舜称为"大舜"，可见其对舜的尊崇之情溢于笔端。文中"太史公"指司马迁。"窆"（biǎn）为葬之意。

《水经注》记载在衡阳的湘水支流承水有舜庙："承水出衡阳重

安县西……东北流至重安县，径舜庙下，庙在承水之阴。"（卷三十八《湘水》）

《水经注》记载衡山有舜庙和祝融冢："湘水又北径衡山县东，山在西南，有三峰……芙蓉峰最为竦杰，自远望之，苍苍隐天，故罗含云：望若阵云，非晴霁素朝，不见其峰。丹水涌其左，醴泉流其右，《山经》谓之岣嵝（gǒu lǒu）山，为南岳也。山下有舜庙，南有祝融冢。楚灵王之世，山崩，毁其坟，得《营丘九头图》。禹治洪水，血马祭山，得金简玉字之书。"（卷三十八《湘水》）

《水经注》又记载湘江下游有舜的二妃娥皇、女英庙："湘水又北径黄陵亭西，右合黄陵水口。其水上承大湖，湖水西流，径二妃庙南，世谓之黄陵庙也。言大舜之陟方也，二妃从征，溺于湘江。神游洞庭之渊，出入潇湘之浦。潇者，水清深也。"（卷三十八《湘水》）

《水经注》记载汉中有舜的遗迹："汉水又东径妫墟滩。《世本》曰：舜居妫汭，在汉中西城县。""汉水又东，径西城县故城南，《地理志》曰：西城，故汉中郡之属县也。汉末为西城郡……城内有舜祠、高帝庙。""汉水又东径长利谷南，入谷，有长利故城，旧县也。汉水又东历姚方，盖舜后枝居是处，故地留姚称也。"（卷二十七《沔水上》）

《水经注》记载广东英德县有尧文化遗迹："洭水又东南，左合陶水。水东出尧山。山盘纡（yū）数百里……山上有白石英，山下有平陵，有大堂基。耆旧云：尧行宫所。"（卷三十九《洭水》）洭水为广东英德县河流，流入珠江。此段文字引自南朝盛弘之《荆州记》和王韶之《始兴记》。

《水经注》记载巴郡江州县有禹庙："江之北岸，有涂山，南有夏禹庙、涂君祠。庙铭存焉。常璩、庾仲雍并言禹娶于此。余案群书，咸言禹娶在寿春当涂，不于此也。"（卷三十三《江水一》）巴郡江州位于今重庆市。

《水经注》还记载大禹出生地在川西："[《经》文]沫水出广柔徼

外。[《注》文]县有石纽乡，禹所生也。今夷人共营之，地方百里，不敢居牧。有罪逃野，捕之者不逼，能藏三年，不为人得，则共原之，言大禹之神所佑之也。"（卷三十六《沫水》）今川西地区的汶川县和北川县都有关于"石纽"的遗迹以及有关于禹出生地的传说，并有纪念大禹的古建筑。

《水经注》记载浙江绍兴会稽山有禹庙等大禹文化遗迹："又有会稽之山，古防山也，亦谓之茅山……《吴越春秋》称覆釜山之中，有金简玉字之书，黄帝之遗谶也。山下有禹庙……山上有禹冢。昔大禹即位十年，东巡狩，崩于会稽，因而葬之。有鸟来为之耘……山东有湮井，去庙七里，深不见底，谓之禹井……"又记今绍兴为古越国之都城，以及古越国的由来与禹的关系："秦改为山阴县，会稽郡治也。太史公曰：禹会诸侯计于此，名曰会稽。会稽者，会计也。始以山名，因为地号。夏后少康封少子杼（zhù）以奉禹祠为越。世历殷、周，至于允常，列于《春秋》。允常卒，勾践称王。都于会稽。"（卷四十《浙江水》）

《水经注》还记载了有关先祖后代的一些传说和文化遗迹。

《水经注》记载黄帝长子昌意，因德行不好，不能继承黄帝的大业，被贬到若水，并在这里生下颛顼："若水沿流，闲关蜀土。黄帝长子昌意，德劣不足绍承大位，降居斯水，为诸侯焉。娶蜀山氏女，生颛顼于若水之野，有圣德，二十登帝位，承少暤金官之政，以水德膺历矣。"（卷三十六《若水》）若水即长江上游金沙江。颛顼后来继承黄帝的大业，在中华民族早期历史发展中贡献卓著，为五帝之一，其冢陵位于今河南省内黄县。

《水经注》记载"尧之末孙刘累……迁于鲁县，立尧祠于西山，谓之尧山。故张衡《南都赋》曰：奉先帝而追孝，立唐祠于尧山。尧山在太和川太和城东北，滍水出焉。"（卷三十一《滍水》）鲁县，西汉时为鲁阳县，即今鲁山县，位于河南省漯河市西面。

《水经注》记载淮河之南的淠水上游为大禹儿子的封地，并有其墓冢："（淠水）又西北径六安县故城西，县故皋陶国也。夏禹封其少子，奉其祀。今县都陂中有大冢，民传曰公琴者，即皋陶冢也。楚人谓冢为琴矣。"（卷三十二《沘水》）沘水即今安徽省淮河南侧支流淠河。

　　郦道元还对有关先祖的文化和传说进行辨析。在郦道元时代，有关先祖文化和传说已很混乱，有的地方牵强附会与三皇五帝相联系。郦道元对许多地方所谓的先祖遗迹和传说进行了辨析和考证，指出其不实的附会。如他在滱水（今唐河）支流博水支流濡水流经的北魏时期蒲阴县的有关舜泉及舜与二妃祠的记载："博水又东径广望县北……又北径清凉城东……博水又东北，左则濡水注之。水出蒲阴县西、昌安郭南。《中山记》曰：郭东有舜氏甘泉，有舜及二妃祠。稽诸传记，无闻此处，世代云远，异说之来，于是乎在矣。"（卷十一《滱水》）此处所说的舜泉可能位于今河北省保定市西面的完县境内。郦道元考证历史文献表明这里没有关于舜泉和舜祠的记载，之所以这里有舜泉和二妃祠之说，郦道元认为是由于年代久远，就有牵强附会的异说。又如他在曲阜地区考察泗水源头时，对当地传说的舜在此制陶的所谓"陶墟"进行考证，否定了这一传说："（泗水）《地理志》曰：出济阴乘氏县，又云：出卞县北，《经》言北山，皆为非矣。《山海经》曰：泗水出鲁东北。余昔因公事，沿历徐、沇，路经洙、泗，因令寻其源流。水出卞县故城东南，桃墟西北……杜预曰：鲁国卞县东南有桃墟，世谓之曰陶墟，舜所陶处也，井曰舜井。皆为非也。墟有漏泽，方一十五里，渌水澄（chéng）渟（tíng），泽西际阜，俗谓之妘亭山，盖有陶墟、舜井之言，因复有妘亭之名矣。"（卷二十五《泗水》）

　　郦道元所了解到遍布大河上下、大江南北的先祖文化遗迹，是形成他大一统思想的文化基础。特别是和北魏政权处于敌对状态的江南地区，郦道元无缘去考察，但江南地区广泛分布的先祖文化可能使他认识到，江南江北皆为三皇五帝的后代，皆为炎黄子孙，使郦道元对江南地区产生深厚感情，对于他的大一统思想的形成，无疑起着很重要的作用。

　　《水经注》记载的广泛分布的先祖文化内容，为传承中华民族先祖文化作出重要贡献。这些记载还反映了中华民族早期的迁徙轨迹，为今天研究中华民族的早期历史，留下宝贵记录。

二、生动精炼写山川，开创一代新文风
——《水经注》的文学价值

　　《水经注》不仅是一部伟大的地理学著作，而且它以优美的文笔描写和赞美祖国的大好河山，又被视为文学佳作，是南北朝时期散文的代表之作，在中国文学史上占有很高地位。《水经注》吸收了自《诗经》以来的文学著作的精华，特别是吸收了南朝的文学精华，吸收南朝山水文学鼻祖谢灵运以及盛弘之、袁山松、罗含、庾仲雍等人描写江南山川的精华内容，并在对自然景观的描写方面，形成自己的风格。

　　《水经注》描写山川的语言，生动、简练，词汇丰富，语言创新，善于运用比喻、夸张、排比等手法。描写山体，不仅善于表现其形态，具有写实的特点，还善于运用各种手法表现其险和峻；描写瀑布和流水，不仅表现其基本状态，如瀑布的落差、瀑布所在的河谷地貌以及周围植被特点，并通过拟声等手段描写流水的声响，表现瀑布的动态。《水经注》对自然景观的描写，今天仍是写作的楷模。下面试以实例对这些特点进行分析。

　　《水经注》的词汇非常丰富。如描写山地高耸险峻，语汇就有多种形式。

　　泰山是东方齐鲁大地上的最高峰，被尊为五岳之首。对于泰山的高耸，最早孔子有名言："登泰山而小天下。"郦道元描写泰山之高耸，又让人耳目一新："南向极望无不睹。其为高也，如视浮云；其峻也，

石壁窅窱。仰视岩石，松树郁郁苍苍，如在云中，俯视溪谷，碌碌不见丈尺。直上七里，至天门，如从穴中视天矣。"（卷二十四《汶水》）简练的几句，把泰山之高耸，登泰山之艰险，泰山上的植被等描写得淋漓尽致。其中后一句则是描写登泰山最陡峻的一段路程，即从龙门到南天门这一段，又被称为"十八盘"，被描写得真实而生动。十八盘的最后一盘，也是十八盘中距离最长和最陡峻的一段。南天门就在此段路的顶端（见照片6-1、6-2、6-3）。在此段陡坡上，若由上向下顺着台阶看，陡峻的台阶令人头晕目眩，一踏空台阶就会滚下；若由下向上看位于十八盘顶端的南天门，须仰视。登山者须抓着两侧的缆索才能有安全感。此段路夹在两侧悬崖峭壁之中，确实有"如从穴中视天"的感觉。文中的"窅（yǎo）窱(tiǎo)"意为幽深曲折。文中的"南向极望无不睹"，与孔子的"登泰山而小天下"一语有异曲同工之妙，都是表示登到泰山之巅，周围一切都在脚下，一览无余。此句亦表现出郦道元在语言上，不简单模仿或照搬前人，具有创新性。

　　灅水流域的大翮（hé）山和小翮山，在郦道元笔下，只用寥寥数句，便把二山的高耸出云和高出群山的巍峨峻秀的雄姿生动地表现出来："（灅水）西径大翮、小翮山南，高峦截云，层陵断雾，双阜共秀，竞举群峰之上……山上神名大翮神。"（卷十三《灅水》）大翮山、小翮山即今北京延庆北面的大海坨山，最高峰海拔2241米，是北京西北部高度仅次于灵山的第二名山。如果说郦道元形容泰山之高耸，是通过与周围群山对比的方法来表现，那么他形容大翮山的高耸则是通过与天上云彩的关系来表现，即用"高峦截云"来表示，而不是人们惯用的"高耸入云"，可见郦道元语言的丰富。

　　济南东面的华不注山，郦道元用另一种方式描述其高耸："单椒秀泽，不连丘陵以自高；虎牙桀立，孤峰特拔。青崖翠发，望同点黛。"（卷八《济水二》）简单几句，把山体的形貌、植被的情况都描写得很清楚。根据郦道元的描述，可知华不注山是一座孤立而陡峻的山体，而且是平地突起的一座孤山，山崖上生长着青翠的植被。在这里，郦道元

143

描写山体高耸的语言与描写泰山和大翩山又有所不同。

位于今山西省东北部的雁门山，郦道元又用另一种方式描述山的高耸："其山重峦迭巇，霞举云高，连山隐隐……"（卷十三《瀑水》）根据郦道元的描写，可知雁门山不是一座孤立的山体，而是连绵的群山。这里郦道元用"霞举云高"来表现其高耸，和前面所提到的对山的高耸的描写的词语又有所不同，用"重峦迭巇"和"连山隐隐"来表述其连绵群山的地貌特点，把雁门山的壮美景色展现出来。

《水经注》描写位于河套地区阴山西段高阙峡谷两侧山地的高耸："高阙塞，山下有长城。长城之际，连山刺天。其山中断，两岸双阙，峨然云举，望若阙焉。"（卷三《河水三》）这里用"连山刺天"和"峨然云举"来描述山体的高耸，和前面列举的描述山体高耸的词语又有所不同。

发源于晋东北灵丘县的滱水（今称唐河），向东南穿过太行山，流经峡谷和高耸的山体。《水经注》对峡谷的险峻和山体的高耸的描写，所用词语与前面所列举的诸山又有所不同。如描写滱水由灵丘县进入峡谷后最初经历的南山的高耸："历南山，高峰隐天，深溪埒谷。"然后经御射台，台南山地"南侧秀嶂分霄，层崖刺天，积石之峻，壁立直上。" 滱水东经倒马关后，"关山险隘，最为深峭……东北二面，岫嶂高深，霞峰隐日，水望澄明，渊无潜甲，行李（旅）所径，鲜不徘徊忘返矣。"对滱水支流博水的支流徐水源头广昌县东南大岭高耸的描写："世谓之广昌岭。岭高四十余里，二十里中，委折五回，方得达其上岭，故岭有五回之名。下望层山，盛若蚁蛭，实兼孤山之称，亦峻竦也。"对徐水流经郎山险峻的描写："徐水屈东北径郎山，又屈径其山南，众岑竞举，若竖鸟翅，立石崭岩，亦如剑铦，极地险之崇峭。"（卷十一《滱水》）这里，郦道元用"高峰隐天""秀嶂分霄，层崖刺天""岫嶂高深，霞峰隐日""众岑竞举"等词语，描绘山体的高耸，和前面的描绘山体高耸所用词语又有所不同。文中的"盛若蚁蛭"即广昌岭之下的众山，在广昌岭之下，显得像一群蚂蚁那样多、那样小，这是综合运用对比和比喻的手法。

对河南省南阳地区淯水支流鲁阳关水流经的鲁阳关山体的高耸，郦道元又用另外的词语来描述："淯水又东南流历雉县之衡山……又东，鲁阳关水注之。水出鲁阳县南分水岭……其水南流径鲁阳关，左右连山插汉，秀木干云，是以张景阳诗云：朝登鲁阳关，峡路峭且深。"（卷三十一《淯水》）这里，用"连山插汉，秀木干云"来描述鲁阳关山体的高耸。"连山插汉"，即众多成排的山峰高耸插入霄汉；"秀木干云"，即山峰上的树木伸入云层之中，两句皆表示山体的高耸。

位于晋西南运城地区盐池南面的层山和白径，山体高耸，峡谷壁立而深邃，郦道元又用不同的词语描写："（盐贩之泽）泽南面层山，天岩云秀，池谷渊深，左右壁立，间不容轨，谓之石门，路出其中，名之曰白径。"（卷六《涑水》）白径是运城盆地与中条山南侧之间的主要交通通道。这一描写，不仅表现出白径所在山体的高耸，还表现了白径这条通道的峻险。

晋西南运城地区的百梯山，又称坛道山，它的奇峰、翠柏、清泉、陡壁，无一不被郦道元描写得绝妙："坛道山，其西则石壁千寻，东则礠溪万仞，方岭云回，奇峰霞举，孤标秀出，罩络群山之表，翠柏荫峰，清泉灌顶……是以缁服思玄之士，鹿裘念一之夫，代往游焉。路出北巘，势多悬绝，来去者咸援萝腾岌，寻葛降深；于东则连木乃陟，百梯方降，岩侧靡锁之迹，仍今存焉，故亦曰百梯山也。"（卷六《涑水》）文中的"缁服思玄之士，鹿裘念一之夫"是指进行修炼的道士，只有这样的人，才能去登攀这种绝壁万丈的山体。这里，描写山体的高耸，则用"奇峰霞举，孤标秀出，罩络群山之表"等词语，描写了百梯山的孤峰突出而高耸的山体形态。

对淇水源头处的支流沾水源头处高耸的石壁，郦道元描写道："（淇水）又东北，沾水注之。水出壶关县东沾台下。石壁崇高，昂藏隐天，泉流发于西北隅，与金谷水合。金谷即沾台之西溪也。"（卷九《淇水》）淇水源头位于太行山南段。

位于沮水源头的景山，郦道元对其描写："沮水出汶阳郡沮阳县西北景山，即荆山首也，高峰霞举，峻竦（sǒng）层云。"（卷三十二《沮水》）景山位于湖北省，为荆山最南面的一座山。

粤北乐昌县境内的蓝泰山，郦道元又用另外一些词语来描写："武水又南入重山，山名蓝泰，广圆五百里……崖壁峻岨（jū），岩岭干天，交柯云蔚，霾天晦景，谓之泷中。旋湍迴注，崩浪震山，名之泷水。"（卷三十八《溱水》）溱水为珠江的北支北江上游河流，今称乐昌水，武水为其支流。

对上述诸多山体的描写，郦道元都不用重复的词语，其语言之丰富，词语组合搭配之巧妙，令人叹服。

郦道元还注意观察山体形态特点。如沂水上游的爆山："山有二峰，相去一里，双峦齐秀，圆崎若一。"（卷二十六《沂水注》）这是对花岗岩山体的精彩描写。通常，花岗岩经风化，形成浑圆状的形态，被称为"球状风化"。显然，郦道元的描写不自觉、科学地反映了该山体的岩石特点。

郦道元更擅长于对峡谷急流、瀑布等水流和水景的描写，语言丰富而生动，甚至还描写出水流的动态和水流声响等特点。

《水经注》对黄河壶口瀑布的描写，是瀑布描写最精彩的一例。《水经注》将壶口瀑布称为孟门："孟门即河之上口也，实为河之巨阨（è），兼孟门津之名矣。此石经始禹凿，河中漱广，夹岸崇深，倾岸返捍，巨石临危，若坠复倚。古之人有言，水非石凿而能入石，信哉。其中水流交冲，素气云浮，往来遥观者，常若雾露沾人，窥深悸魄。其水尚崩浪万寻，悬流千丈，浑洪赑（bì）怒，鼓若山腾，浚波颓迭，迄于下口。方知《慎子》：下龙门，流浮竹，非驷马之追也。"（卷四《河水四》）这一描写，应是指壶口瀑布，因为在晋陕峡谷段黄河，除了壶口瀑布，再没有别处有如此壮观的景象。壶口瀑布包括三部分：其上部在宽阔的河床中流动的黄河之水逐渐收拢，注入"壶口"（见照片6-4）；收拢注入"壶口"中的黄河水，悬流直下，咆哮澎湃，轰响震耳，令人惊心动魄，好像一条气吞山河的巨龙，形成壮观的跌水或瀑布，构成壶口瀑布的核心部分。河水在向下跌落的过程中，水花飞溅，溅湿观者衣服，并在瀑布上方形成彩虹，这部分是壶口瀑布最为壮观的部分（见照片6-5）；跌落下去的悬流，将河床冲刷出深深的河槽，河水沿河槽奔腾而下，形成壶口瀑布的下部（见照片6-6）。郦道元用简练生动的语言将壶口瀑布的磅礴气势和浪花飞溅的壮观景象，描写得淋漓尽致。他还对瀑布冲刷形成的河槽两侧陡壁进行描写，通过描写陡壁岩石有如坠落的状态，衬托出陡壁的陡峻，进而衬托出瀑布的惊险。这段描写，语言生动，有许多词语是郦道元独创的。《水经注》对黄河壶口瀑布的描写，也被选入中小学语文课本中。但据已故历史地理界前辈史念海先生研究，郦道元所描写的瀑布与今天的壶口瀑布不在同一个位置。《水经注》记载的瀑布，其位置据认为在今壶口瀑布以下约3公里处的孟门山。此处河中有一石岛，人们在此石岛上竖立大禹的雕像。自郦道元考察以来的1500多年，壶口瀑布的位置向上游移动了约3000米。文中的"巨阸"，是指壶口为黄河最险而狭之处。

黄河三门峡古代又有"砥柱"之称。三门峡以下直至五户滩的120里河段两侧，山峦重叠，群峰巍峨，河道中礁石险滩众多，或露出水面，或隐伏水下。此段河流湍急，是黄河航运最惊险的一段。郦道元对这段河道也有精彩描写："河水翼岸夹山，巍峰峻举，群山迭秀，重岭千霄……自砥柱以下，五户以上，其间一百二十里，河中竦（sǒng）石桀出，势连襄陆，盖以禹凿以通河，疑此阏流也。其山虽辟，尚梗湍流，激石云洄，澴波怒溢，合有一十九滩，水流迅急，势同三峡。迫害舟船，自古所患。"（卷四《河水四》）把三门峡至五户滩120里河段两侧山峦的特点，以及黄河急流的迅疾特点都描写出来。文中用"激石云洄，澴波怒溢"描写礁石梗阻形成浪花四溅激荡澎湃的回流和旋涡，语言生动而形象，是郦道元创造的词语。通常人们只知道三门峡之险，不知三门峡以下至五户滩也是非常惊险。郦道元第一个对三门峡以下至五户滩这120里惊险河段进行了详细描述。他的描写对于认识黄河水文有

147

重要意义。

三门峡之东的黄河支流教水，发源于晋南垣曲县，南流经辅山，形成峡谷瀑布。郦道元也有精彩描写："河水又东，与教水合。水出垣县北教山，南径辅山……其水南流，历鼓钟上峡，悬洪五丈，飞流注壑，夹岸深高，壁立直上，轻崖秀举，百有余丈。峰次青松岩，悬赭石于中，历落有翠柏生焉。丹青绮分，望若图绣矣。"（卷四《河水四》）前面描写壶口瀑布用"悬流"，这里郦道元用"悬洪"一词表示瀑布。该瀑布注入峡谷中，郦道元不用峡谷一词，而是用"飞流注壑，夹岸深高，壁立直上"来表示瀑布注入峡谷中，反映郦道元用词的丰富。

渭河支流汧（qiān）水流经的汧山，从该山山下一石穴中流出的一股瀑布，《水经注》作了精彩描写："山下石穴，广四尺，高七尺，水溢石空，悬波侧注，漰湁震荡，发源成川，北流注于汧。"这里，郦道元用"悬波"表示瀑布，和前面表示瀑布的用语又不相同。又用"漰湁震荡"表示水流湍急，和前面表示水流湍急的用语也不同。渭河在接纳汧水之后，又有磻溪水从右侧注入。《水经注》对该水水流的湍急和河谷中植被的茂密作了精彩描写："渭水之右，磻溪水注之。水出南山兹谷，乘高激流，注于溪中。溪中有泉，谓之兹泉。泉水潭积，自成渊渚，即《吕氏春秋》所谓太公钓兹泉也。今人谓之凡谷。石壁高深，幽隍邃密，林障秀阻，人迹罕交。"（卷十七《渭水上》）磻溪水从磻溪谷自高而下流出，水流之湍急可以想象。郦道元用"乘高激流"来描述，语言简练而有创意。磻溪水又接纳了磻溪泉后，流经一个峡谷，郦道元不用"峡谷"一词，而是用"石壁高深，幽隍邃密，林障秀阻，人迹罕交"，表示该峡谷幽深、植被茂密，语言丰富而生动。

滱水支流徐水流经石门涧，石门涧为峡谷地貌，徐水在这里形成瀑布。郦道元对这里的地貌和瀑布都有精彩描写："徐水又东南流，历石门中，世俗谓之龙门也。其山，上合下开，开处高六丈，飞水历其间，南出，乘崖倾涧，泄注七丈有余，济荡之音，奇为壮猛；触石成井，水深不测；素波自激，涛襄四陆，瞰之者惊神，临之者骇魄矣。"（卷十一《滶水》）这里没有出现"瀑布"一词，而是用"乘崖倾涧，泄注七丈有余"词语，既描写该瀑布的特点，又表现了瀑布的落差。又用"济荡之音，奇为壮猛"和"素波自激，涛襄四陆"来描写瀑布跌落于深不可测的水潭之中，发出巨大声响，并激起浪花，溅向四周，令人惊骇的壮观景象。这些描写生动而具体，所用的词语和前面所提到的几个瀑布的描述用语又不一样。最后，又用"瞰之者惊神，临之者骇魄矣"的排比句，通过观者的感受，进一步衬托出该瀑布跌入水潭中发出的声响之巨大和激起的浪花之壮观。

淮河支流九渡水发源于河南省信阳地区的鸡公山，《水经注》称之为鸡翅山，九渡水支流的瀑布在《水经注》中有精彩的描写："淮水又东径义阳县……有九渡水注之。水出鸡翅山，溪涧漾委，沿溯九渡矣……于溪之东山有一水，发自山椒下数丈，素湍直注，颓波委壑，可数百丈，望之若霏幅练矣，下注九渡水。九渡水又北注于淮。"（卷三十《淮水》）这里，也未用瀑布一词，而是用"素湍直注"来表示，和前面表示瀑布的词语又有所不同；然后又用生动形象的比喻"望之若霏幅练矣"，望去好像飘扬的布帘啊。

淇水源流的瀑布在《水经注》中有精彩的描写："（淇水）水出山侧，颓波漰注，冲激横山。山，上合下开，可减六七十步，巨石磥砢，交积隍涧，倾澜济荡，势同雷转，激水散氛，暧若雾合。"淇水支流西流水的瀑布："淇水又东北，西流水注之。水出东大岭下，西流，径石楼南，在北陵石上，练垂桀立，亭亭极峻。其水西流，径注于淇。"这里，郦道元用"倾澜济荡"、"练垂桀立"表示瀑布，而且这两句表示了瀑布的两个不同的形态特点：前一句表示的是水量很大而水流又很集中的瀑布；后一句表示的则是好像帘幕一样散开的瀑布。淇水支流美沟水礁滩众多，水流湍急，《水经注》也有精彩描写："（淇水）又东流与美沟水合。水出朝歌西北大岭下，东流径骆驼谷，于中逶迤九十曲，故俗有美沟之目矣。历十二崿。崿流相承，泉响不断，返水捍注，卷复深隍。隍间积石千通，水穴万变，观者若思不周赏，情乏图状

矣。"（卷九《淇水》）生动地描写了水流受礁石阻挡，冲击激荡，形成一个个漩涡，发出哗哗的流水声。

山东青州地区的淄水，其支流阳水的支流石井水，《水经注》对石井水的瀑布有精彩的描写："阳水又东北流，石井水注之。水出南山，山顶洞开，望若门焉，俗谓是山为劈头山。其水北流注井，井际广城东侧，三面积石，高深一匹有余，长津激浪，瀑布而下，澎濑之音，惊川聒谷，濒济之势，状同洪井，北流入阳水。"（卷二十六《淄水》）此段不仅描写了这里的地形和瀑布的高差，还用"澎濑之音，惊川聒谷"拟声词描写瀑布跌入水潭中发出的响彻山谷的澎湃声响，来衬托出瀑布的壮观。"濒济之势"表示瀑布跌落于下面水潭中的壮观景象。"三面积石"，意为瀑布好像从一个有三面井壁的竖井中跌落下来，其下面有一水潭。这里描写瀑布的词语和前面又有所不同，可见郦道元用词丰富。

《水经注》对河流景观的描写，语言也非常生动、简练、词语丰富。

汾河发源于管涔山，在源头处，汾河由涓涓细流汇合了多条支流成为水量很大波浪翻滚的河流。《水经注》描写源头处植被："（管涔之山）其山重阜修巘……泉源导于南麓之下，盖稚水濛流耳。又西南夹岸连山，联峰接势。汾水又南，与东西温溪合，水出左右近溪，声流翼注，水上杂树交荫，云垂烟接。自是水流潭涨，波襄转泛。"（卷六《汾水》）文中的"稚水濛流"描写的是汾河源头处水流细微，为涓涓细流之意。然后经过一段峡谷，又流经一段植被茂密的河谷，水量逐渐增加，成为一条水量较大的波浪翻滚的河流。"夹岸连山，联峰接势"描写的是峡谷景观，"杂树交荫，云垂烟接"描写的是植被茂密。这些描写语言生动而有创意，并且非常细腻。此处的描写，也是郦道元曾亲自来此考察的有力证据。因为只有亲自考察，他才能如此细腻地描述这里水流的变化以及景观的特点。

沁水上游河段，有一名为阳阿水的支流，沁河干流在接纳阳阿水后，河谷中生长茂密的细竹，郦道元有精彩的描写："沁水又东南，阳阿水左入焉。水北出阳阿川……其水沿波漱石，漰涧八丈，环涛毂转，西南流，入于沁水。又南，五十余里，沿流上下，步径裁通，小竹细笋，被于山渚，蒙茏茂密，奇为翳荟也。"（卷九《沁水》）文中的"其水沿波漱石，漰涧八丈，环涛毂转"描写的是这段阳阿水水流湍急，冲击着河床的岩石，并形成一个个漩涡，"被于山渚"描述的是茂密的细竹覆盖着山间的河滩地上。这些生动的描写，词语都极为简练而有创意。

郦道元善于运用多种手法描写景物。

运用夸张的手法。如描写黄河壶口瀑布"悬流千丈"，夸张地描写黄河瀑布的壮观。实际上，黄河壶口瀑布落差大致在20多米，相当于六七层楼的高度，但郦道元用"悬流千丈"来描述其落差，生动地描绘了壶口瀑布的壮观景象。

再如，渭河支流汧水流经的汧山，又称吴山，有三峰，《水经注》对其陡峻有精彩的描写："三峰霞举，迭秀云天，崩峦倾返，山顶相捍，望之恒有落势。《地理志》曰：吴山在县西，古文以为汧山也。"（卷十七《渭水上》） 其大意是，三座山峰竞相高耸入云，好像要倾倒的样子。"崩峦倾返"、"望之恒有落势"两句都是描写山体好像要倾倒似的，又是用夸张的手法，又是用排比的手法，两种手法结合得极妙，起到极好的夸张渲染效果。

又如对丹水上游河谷景观的描写。丹水发源于晋东南流经今河南省焦作市博爱县，其上游流经太行山山地，《水经注》对丹水上游河谷景观描写道："丹水又径二石人北，而各在一山，角倚相望，南为河内，北曰上党。二郡以之分境。丹水又东南，历西岩下，岩下有大泉涌发，洪源巨轮，渊深不测，苹藻冬芹，竞川含绿，虽严辰肃月，无变暄葽。"（卷九《丹水》）文中的"河内"，即北魏的"河内郡"，郡治位于今河南省焦作市的沁阳；"上党"即北魏的"上党郡"，郡治位于今晋东南的长治之北。"苹藻冬芹，竞川含绿，虽严辰肃月，无变暄葽"描写的是即使严冬寒冷的早晨，苹藻也没有表现出枯萎的样子，整个河川都呈现绿色，语言简练。显然，这里有夸张的成分。因为北方地区，即使是丹水所在的河南省西北部地区，在气候上属于暖温带，在冬季，无论是气温还是空气湿度，都会大大降低。因此，在冬季，大部分植物都要枯萎凋零，只是在秦岭淮河一线以南的亚热带地区，有较多的常绿植物生长，冬季大地才有较多绿色。但是由于丹水流经太行山南端，局部地形形成的小气候可能有利于植物的生长，使丹水上游河谷在冬季也有绿色植物存在。这里，郦道元用夸张的手法，表现了这里在冬季仍呈现一片盎然生机，显得很生动，能引起人们的关注和兴趣。从今天丹水流域的地理情况看，丹水上游河谷中冬季存在绿色植物生长是有可能的。如今天丹水在出太行山流经的博爱县，由于位于太行山南麓，冬季的寒潮受太行山的阻挡，使博爱县有相对较好的小气候。故今天博爱县仍能广泛生长竹林，是我国竹林分布的最北位置。而竹子是喜暖的植物，我国的竹子主要是分布在秦岭淮河一线以南，博爱县能有大面积的竹林分布，应是与太行山所形成的小气候有关。

运用比喻的手法。如描写洛水支流黄亭（城）水源头鹈鹕山两座山峰的陡峻："黄亭（城）溪水，水出鹈鹕山。山有二峰，峻极于天，高崖云举，亢石无阶，猨徒丧其捷巧，鼯族谢其轻工，及其长霄冒颠，层霞冠峰，方乃就辨优劣耳。故有大、小鹈鹕之名矣。"（卷十五《洛水》）这里借动物来描写山体陡峻，连猿猴和鼯族也难以登攀，鼯（wú）族可能是指松鼠之类动物。"亢石无阶"意即山体之陡无可供登攀的台阶。黄亭水源头的鹈鹕山位于今洛阳市域。

再如对晋西南的浍水支流绛水瀑布的描写："浍水又西南，与绛水合，俗谓之白水，非也。水出绛山东谷，寒泉奋涌，扬波北注，悬流奔壑，一十许丈。青崖若点黛，素湍如委练，望之极为奇观矣。"（卷六《浍水》）这里用"素湍如委练"，即好像悬垂的帘幕来比喻瀑布，这一比喻非常形象而具体，很容易使人明白瀑布的状态。同时，还用"青崖若点黛"将瀑布两侧生长绿色植物的陡崖比喻为好像画的一样，也非常生动。而且"青崖若点黛，素湍如委练"这一排比句使瀑布与青崖互相辉映，更好地展现出一片青山绿水的美丽景色。

运用反衬手法。如对邯郸牛首水的描述："白渠水又东，又有牛首水入焉。水出邯郸县西堵山，东流分为二水，洪湍双逝，澄映两川。"（卷十《浊漳水》）此段大意是，牛首水从西堵山流出后，分为两个分支流，变得不湍急，没有波浪，河水缓慢流动，水面平静，水质澄清，两侧山地在水中形成倒影。郦道元不是直接来描写水面如何平静，而是用"澄映两川"来反衬说明水面之平静，语言既简练又生动。"洪湍双逝"之意是洪波和湍急的情况都已消失，也是表示水面变得平静。"洪湍双逝，澄映两川"这一排比句既把很复杂的水文变化表达清楚，又增强了语言的美感。牛首水是漳水支流白渠水的支流。

排比句的手法在《水经注》中被大量运用。前述的例子中就有许多是用排比句子的手法。排比句的运用，增加了语言的节奏感、韵律感和美感。如对滱水支流徐水流经的石门涧瀑布的描写："济荡之音，奇为壮猛；触石成井，水深不测；素波自激，涛襄四陆；瞰之者惊神，临之者骇魄矣。"（卷十一《滱水》）这里用了几对排比句，分别从瀑布的声音，其冲击形成的深不可测的水潭，以及跌水冲击水潭形成四溅的水花几个方面来描写瀑布，将瀑布的壮观景象描写得淋漓尽致，还表现出其动态景象。而最后一对的排比句"瞰之者惊神，临之者骇魄矣"，则通过观者的惊骇感受，描写了瀑布的壮观，其语言运用之妙，令人赞叹。

再如对潕水上游山地的描写。潕水在源头接纳了房阳川水后，其北侧有一石山谓之女灵山，郦道元对该山描写道："潕水之北有积石焉，世谓之女灵山。其山平地介立，不连岗以成高；峻石孤峙，不托势以自远；四面绝壁，极能灵举。远望亭亭，状若单楹插霄矣。北面有如颓落，劣得通步，好事者时有扳陟耳。"（卷三十一《潕水》）潕水源于豫西鲁阳县，今称鲁山县。女灵山是一座孤立的山体，四壁为陡立的峭壁陡崖。文中的"平地介立，不连岗以成高；峻石孤峙，不托势以自远"为一对排比句，都是描写山体为平地突起的孤立而高耸的山体，这一对排比句的运用，形象地描写了山体的孤立特点，增加了语言的生动感和美感。该山北侧更为陡峻，没有登山之通道，所谓"好事者时有扳陟耳"即攀岩活动。这一记载还表明，那时已有攀登陡崖的活动作为一种娱乐，这可能是有关攀岩活动的最早记载。

晋西南今运城市盐池之南中条山中，有一条峡谷通道，《水经注》通过排比手法对这条通道的深邃和狭窄有精彩描写："（盐池）故《山海经》谓之盐贩之泽也。泽南面层山，天岩云秀，池谷渊深，左右壁立，间不容轨，谓之石门，路出其中，谓之白径。南通上阳，北暨盐泽。"（卷六《涑水》）文中的"天岩云秀，池谷渊深，左右壁立，间不容轨"，为一对排比句，从两个角度描写该通道险峻：前一对句子描写峡谷通道两侧岩壁之高耸，峡谷之幽深；后一对句子则通过描写峡谷两侧陡立的石壁之间距离不能通过一辆车，进而说明这条通道之狭窄。

运城西南晋兴泽南面的坛道山，又称百梯山，对该山的险峻，《水经注》亦有精彩的描写："（晋兴泽）南对坛道山，其西则石壁千寻，东则磻溪万仞，方岭云回，奇峰霞举，孤标秀出，罩络群山之表，翠柏荫峰，清泉灌顶……厥顶方平，有良药……是以缁服思玄之士，鹿裘念一之夫，代往游焉。路出北嶮（yán），势多悬绝，来去者咸援萝腾岑（yín），寻葛降深；于东则连木乃陟，百梯方降，岩侧縻索之迹，仍今存焉，故亦曰百梯山也。"（卷六《涑水》）百梯山位于今永济县东南面的中条山中。这一段描述中，通过几对排比句，描写了坛道山的高耸和陡峻。一对排比句是"西则石壁千寻，东则磻溪万仞"，分别描写了坛道山东西两侧山体的陡峻；"方岭云回，奇峰霞举，孤标秀出，罩络群山之表"中的前两句则描写了坛道山山体的高耸，后两句则描写坛道山为一座突出在群山之上的高山，这四句描写了坛道山高耸而突出的特点；"缁服思玄之士，鹿裘念一之夫"，意为和尚道士之类人物或信奉佛道二教之人士，经常到坛道山上去；来去者皆"援萝腾岑，寻葛降深"，意为在山的北侧多悬崖绝壁，上山和下山的人都要靠抓着藤葛之类的植物来攀登，后面又写到在山的东侧上下山，则要攀登木梯子。这几对排比句从不同角度、不同层次和用不同方式描写了坛道山的高耸和陡峻，排比句运用巧妙，词语丰富。可以说，这里的排比句和词语的运用堪称绝妙。

汝水源头为峡谷地貌，并有茂密的植被，《水经注》亦用排比句作了精彩的描写："今汝水西出鲁阳县之大盂山黄柏谷，岩鄣深高，山岫邃密，石径崎岖，人迹裁交。西即卢氏界也。其水东北流，径太和城西，又东流径其城北，左右深松列植，筠柏交荫，尹公度所栖神处也。"这里用"岩鄣深高，山岫邃密"描写峡谷的幽深，用"深松列植，筠柏交荫"描述河流两侧生长着高大茂密的松树，松柏和竹子密密丛丛地生长着。汝水源头在流过尧山之后，又流经蒙柏谷，《水经注》对蒙柏谷有精彩描写："左右岫壑争深，山阜竞高；夹水层松茂柏，倾山荫渚，故世人以名也。"（卷二十一《汝水》）"岫壑争深，山阜竞高"描写山高谷深的峡谷地貌。这些描写峡谷地貌和茂密植被的语言，和前面描写峡谷地貌及植被所用的语言都有所不同，表现出郦道元词语运用丰富且有创意。

《水经注》中还大量引用前人的诗词歌赋、民歌民谣等，与各种语言表达形式形成巧妙的组合，大大丰富了语言的表现能力，增强了语言的感染力。

此外，《水经注》还大量引用南朝文人作品中的精华。郦道元未去过长江及长江以南，但郦道元充分吸收江南文人对山川的优美描写内容。如盛弘之《荆州记》关于瞿塘峡的描写，袁山松《宜都山川记》对西陵峡的描写（卷三十四《江水二》），谢灵运《山居记》关于浦阳江流经的查浦附近的五条溪流及附近的三山河段秀丽景色，直到嵊山的"成功峤"河段的沿江景色的描写（卷四十《渐江水》）。这部分的描写，也都是《水经注》中的亮点，堪称描写自然景观的精品。

总之，可以说，郦道元是描写山水的高手，语言丰富，富有创意，是语言大师。如果说南朝谢灵运是山水文学的鼻祖，那么，郦道元则是山水文学的大师，他把南北朝时期的山水文学推向高峰。《水经注》不仅是一部伟大的地理学著作，也是一部优秀的文学著作，是南北朝时期山水文学的代表作。

三、展现山川自然美，惠及今日旅游业
——《水经注》的旅游价值

《水经注》对于今天文化建设的重要价值还表现在旅游业方面。主要表现在两方面：提升旅游景点的文化品位和旅游者的文化素质；惠及新旅游景区景点的开发与建设。

（一）展现大自然之美，提升旅游文化品位

游览祖国大好河山，几乎是每一个旅游者的愿望。但是，如何去游览那些名山大川，人们志趣各异，虽然有的旅游者是欣赏大自然之美而去名山大川旅游，有的旅游者是为了锻炼身体，但这不是旅游者的全部。在游览名山大川的旅游者中，也不乏拜佛求仙，祈福禳灾，或其他志趣者。再者，许多旅游景点为了吸引游客，将许多景物或拟神化，或拟鬼化，编造出许多神鬼故事，有的甚至干脆在旅游景点无中生有地建造以神鬼为题材的人造景点，或建庙造神。这样的旅游景点，虽然也能满足部分游客的感官刺激或精神需要，但其文化品位不高。这样的旅游景点对于提升人们的文化素质是没有益处的，更谈不上提升民族的文化素质和文化品位。

提升旅游的文化品位，是当前文化建设中一个很值得重视的重要问题。如何提升旅游的文化品位，《水经注》给我们提供了很好的范例。《水经注》作为山水文学的佳作，是高品位的山水文化。《水经注》不仅以优美的文笔，给我们展示了大自然之美，还为我们展示了如何去发

现大自然之美，如何描写大自然之美。《水经注》中的通篇描写，无不是对祖国山河的赞美，无不是发现自然之美、展现自然之美的典范。《水经注》也使我们认识到，发现大自然之美、描绘大自然之美和欣赏大自然之美，会使人们获得极大的快乐，是极好的精神享受，是高品位的文化。

为了提升旅游的文化品位，可把《水经注》中对一些名山大川的描写，作为各相应旅游景点或景区解说词的重要内容，通过向游客们介绍《水经注》中对该景点或该景区的描写，阐述郦道元是如何发现大自然之美，如何表现大自然之美。或者，也可将历史上的文人们对有关旅游景点自然景观描写的名篇佳句，作为该景点或景区的解说词内容，以引导人们去发现自然之美和欣赏自然之美。或者可组织对有关景点或景区自然景观的文学活动或文化活动。如《水经注》记载的山西晋祠，由于有了优美的自然环境，再加上文人们经常在此聚会进行文学活动，提升了晋祠的名声。《水经注》记载："沼西际山枕水，有唐叔虞祠。水侧有凉台，结飞梁于水上。左右杂树交荫，希见曦景。至有淫朋密友，羁游宦子，莫不寻梁契集，用相娱慰，于晋川之中，最为胜处。"（卷六《文水》）文中的"莫不寻梁契集，用相娱慰"意思是文人们都到这里的桥上会集，赋诗作文，互相娱乐。显然，当时文人们在这里举行的文化活动是晋祠中旅游文化的主要内容。这种文化活动是高品位的文化活动。文中的晋川，当指汾河谷地。晋祠位于太原市西南。

《水经注》还告诉我们，要发现大自然之美，要欣赏大自然之美，首先要有正确的心态和观念，这就是对大自然的唯美的心态、唯美的自然观。《水经注》中记载，南朝文人袁山松对三峡中西陵峡的描述，就欣赏大自然的观念有精辟之言："山松言：常闻峡中水疾，书记及口传，悉以临惧相戒，曾无称有山水之美也。及余来践跻此境，既至欣然，始信耳闻之不如亲见矣。其迭崿秀峰，奇构异形，固难以辞叙，林木萧森，离离蔚蔚，乃在霞气之表，仰瞩俯映，弥习弥佳，流连信宿，不觉忘返，目所履历，未尝有也。既自欣得此奇观，山水有灵，亦当惊

知己于千古矣。"（卷三十四《江水二》）郦道元是同意袁山松的观念的。正因为有了正确观念，许多险峻的山峰、悬崖绝壁、激流险滩，在郦道元的笔下，并不是给人以危险和可怕的感觉，而是展现大自然壮美的一面。

郦道元不仅善于发现和描写那些名山大川之美，给人们以美的享受，就连那些小的河流和较小的山体，在郦道元笔下，并不是索然无味，郦道元都能发现它们的秀美之处，将其描写得可爱无比，令人神往。如郦道元的家乡郦亭沟水和山东青州的巨洋水与阳水，只是一些小河或小溪，其中的阳水还是一条有时断流的溪流，与我国其他风景名胜区相比，都不能算是风景非常优美的地方。就是这样几处并不著名的自然风景，郦道元将其描写得非常优美，令人神往。

《水经注》通过其优美的文笔将大自然之美展现，可以提高人们对自然景观欣赏的文化素养，对于今天的文化建设，具有很重要的意义。

（二）惠及今天新旅游景区景点的开发与建设

近年来，随着人们出游的需求不断提升，那些著名旅游景区和景点常常人满为患。特别是在旅游旺季的黄金周期间，游客更是爆满。因此，开发新的旅游景区和景点，分流游客，已是很有必要。《水经注》就记载了许多景色优美的地方，有的是在近几年刚刚被开发，其中最典型的就是河南省焦作市云台山景区的开发。但有的地方还未被充分开发，甚至还未被开发。《水经注》的记载提供了若干有开发潜力的地方，值得我们关注。

云台山大峡谷的旅游开发是一个很值得思考的例子。云台山大峡谷位于河南省焦作市修武县，地处太行山南段，为海河水系最南面的一条支流卫河的源流。《水经注》记载云台山大峡谷为清水的源流。云台山大峡谷深达近百米，最狭处只有10多米。峡谷两侧岩壁陡立，岩层为5亿多年前的古老的寒武纪地层，呈水平状。峡谷中溪流清清，自然景色十分壮美。早在1600多年前，郦道元就描写了这里自然景色的雄浑壮观："黑山在县北，白鹿山东，清水所出也。上承诸陂散泉，积以成川，南流，西南屈。瀑布乘岩，悬河注壑，二十余丈，雷赴之声，震动山谷。左右石壁层深，兽迹不交。隍中散水雾合，视不见底。南峰北岭，多结禅栖之士；东岩西谷，又是刹灵之图。竹柏之怀，与神心妙远；仁智之性，共山水效深，更为胜处也。其水历涧流飞，清冷洞观，谓之清水矣。"（卷九《清水》）在郦道元的笔下，这里是一个多么幽静而壮美之地，他的排比句手法的运用是多么巧妙。文中"左右石壁层深，兽迹不交。隍中散水雾合，视不见底"，正是这里由古老的水平岩层形成深不见底，水雾弥漫的深邃峡谷的真实写照（见照片6-7、6-8）。值得指出的是，云台山大峡谷只是在上世纪末才被开发作为旅游景区，但开发后的短短几年，便立即引起国内外关注，旅游者接踵而来，现在已成为全国著名的旅游景区。云台山大峡谷的开发和迅速成名，给我们一个重要启示：《水经注》中记载的许多风景优美的地方，在过去的漫长历史时期中，由于各种原因，未得到足够的关注，未能成为全国著名的风景名胜之地，但一旦被开发，就有可能成为著名的风景区。

还有一些地方，在《水经注》中也被描写得景色很优美，但迄今还未被开发或未被充分开发成著名旅游景区。此类地方可举出若干，其中有的地方，可能有很大的开发潜力。

如发源于鲁中山地向西流经泰山脚下的大汶河，其上游河段在《水经注》中就被描写得非常壮美："［《经》文］汶水出泰山莱芜县原山……［《注》文］《从征记》曰：汶水出县西南流，又言：自入莱芜谷，夹路连山百数里，水陆多行石涧中，出药草，饶松柏，林薆绵濛，崖壁相望，或倾岑阻塞，或回岩绝谷，清风鸣条，山壑俱响，凌高降深，兼惴慄之惧，危蹟绝径，过悬度之艰。未出谷十余里，有别谷在孤山……谷中林木致密，行人鲜有能至矣……出谷有平丘，面山傍水，土人悉以种麦……何其深沉幽翳，可以托业怡生如此也！余时径此，为之踟蹰，为之屡眷矣。"（卷二十四《汶水》）这里的壮美让人流连忘返。但大汶河的壮美自然环境几乎未被开发。这一方面可能是与位于其近旁的泰山有关。由于泰山名气太大，故人们的注意力都被吸引到泰山上，而较少去关注大汶河的旅游；另一个可能的原因与大汶河流域在行政上分属不同市县，其上游属于莱芜市，而中下游属于泰安市，行政的分割影响对大汶河开发的整体思考。

再如《水经注》中的滱水，今称唐河，发源于雁北地区灵丘县，穿越太行山，成为海河水系的一支。在北魏时期，该河河谷是沟通雁北和蒙古高原与黄淮海大平原的一条重要通道。北魏帝王和郦道元多次经过这条通道来往于大同与华北大平原。该河自然景色壮丽秀美，有上百公里的深邃峡谷，被称为"百里大峡谷"。还有峻拔的群峰，有清澈的潭溪。在郦道元笔下，峡谷、峻峰、水景相互辉映，形成一条秀丽壮美的景观带（见卷十一《滱水》）。滱水也是历史文化积淀深厚的景观带，极具旅游开发前景。但由于该河流经山西省和河北省，又分属多个县，各县独自开发旅游业，使这条极佳的景观带不能作为整体展现其风采。

又如源于太行山南段的淇水源头段，在郦道元笔下景色也非常壮美："（淇水）水出山侧，颓波漰注，冲激横山。山，上合下开，可减六七十步，巨石礋砑，交积隍涧，倾澜济荡，势同雷转，激水散氛，暧若雾合。"淇水支流西流水的瀑布："淇水又东北，西流水注之。水出东大岭下，西流，径石楼南，在北陵石上，练垂桀立，亭亭极峻。其水西流，径注于淇。"淇水支流美沟水："（淇水）又东流与美沟水合。水出朝歌西北大岭下，东流径骆驼谷，于中逶迤九十曲，故俗有美沟之目矣。历十二崿。崿流相承，泉响不断，返水捍注，卷复深隍。隍间积石千通，水穴万变，观者若思不周赏，情乏图状矣。"（卷九《淇水》）这里景色之美，连郦道元都觉得眼球不够用，无法名状，显然，作为旅游资源进行开发，具有很大的潜力。

位于晋东南的沁水，在郦道元的笔下，也是风光旖旎，有茂密竹树，有激流瀑布，有众多的风光景点（卷九《沁水》）。但由于沁水流域分属山西和河南二省，其旅游产业的开发程度还较低。

　　此外，还有许多地方，在郦道元的笔下，其景色或壮美，或秀美，都具有旅游开发的价值。如山西省汾河流域和陕西省渭河流域有许多支流，据郦道元的描写，有许多景色优美的景点。如汾河源头的泉、溪、树木和悬崖峡谷构成一幅秀丽的自然景色。晋西南汾河支流浍水支流绛水，其"悬流奔壑"的瀑布，"青崖若点黛，素湍如委练，望之极为壮观矣。"（卷六《浍水》）渭河支流汧水，在郦道元笔下也是景色非常秀美的河流。嘉陵江上游支流西汉水，自然风光壮美，历史人文积淀深厚（卷二十《漾水》），也是极具旅游开发前景。再如位于今河南省汝水源头有壮观的峡谷和茂密植被，景色很美（卷二十一《汝水》）；位于嵩山南侧登封县境的颍水上游，有二十八浦和大的水潭，在古代就是人们旅游的胜处（卷二十二《颍水》）。江西省南昌市西面二十里的散原山及其北面的鸾岗等，不仅有壮美的自然景观，还有佛寺等人文景观，曾是人们作为游憩休闲之地（卷三十九《赣水》）。肥水下游在寿春（今安徽省寿县）附近的北溪，"漱石颓隍。水上长林插天，高柯负日……亦胜境也。"（卷三十二《肥水》）。流经浙江绍兴地区的诸暨县至嵊县段的浦阳江，自然景色壮美，还有庙宇和名人故居（南朝著名文人谢灵运祖父谢玄故居）等丰富人文景观，古代被称为"神明境"（卷四十《浙江水》）。夷水，今称清江，位于湖北省西南部，《水经注》中被描写得景色清幽秀美："夷水又径宜都北，东入大江……其水虚映，俯视游鱼，如乘空也。浅处多五色石，冬夏激素飞清，傍多茂木空岫，静夜听之，恒有清响。百鸟翔禽，哀鸣相和，巡颓浪者，不觉疲而忘归矣。"（卷三十七《夷水》）再如湖南省的沅水，青山绿水，渔舟唱晚，景色之美，令人不忍离开："沅水又东历临沅县西，为明月池、白壁湾。湾状半月，清潭镜澈，上则风籁空传，下则泉响不断，行者莫不拥楫嬉游，徘徊爱玩。沅水又东历三石涧，鼎足均峙，秀若削成，其侧茂竹便娟，致可玩也。又东带绿萝山，颓岩临水，悬萝钓渚，渔咏幽谷，浮响若钟。沅水又东径平山西，南临沅水，寒松上荫，清泉下注，栖托者不能自绝于其侧。"（卷三十七《沅水》）此外，《水经注》还

记载了其他许多地方，或自然景色优美，或有深厚历史文化积淀。所有这些地方，都具有不同程度的旅游开发价值。

总之，《水经注》为许多地方旅游的发展提供了思路。

第七章

郦学源流与展望

一、郦学历史源流长，国学史上一枝花

《水经注》一书一问世，便得以流传。郦道元去世后，经历了南北朝晚期和隋末的动乱，到唐代，既有官方收藏，也有民间传播。如唐代宰相李吉甫撰写《元和郡县图志》就引用《水经注》。唐宋时期，《水经注》一书成为许多文人经常阅读的著作。唐朝著名诗人陆龟蒙和宋代大文学家、大诗人苏轼等都以经常阅读《水经注》为乐事。

《水经注》在传播过程中，由于古代的传播方式主要为手抄式，错讹脱漏在所难免。虽然宋代出现雕版印刷，使书籍的传播变得较方便，但雕版刻写的过程中依然会有错讹脱漏。宋代初期，《水经注》已不是完本。如宋仁宗景祐年间编的《崇文总目》记载《水经注》为三十五卷，比郦道元原本四十卷减少五卷。传抄过程中，不仅脱漏错讹，还有将《经》文与《注》文混淆，有的还进行删节。到了金元时期，有人对《水经注》一书进行补正。

明代，研究和校勘《水经注》之风兴起，有的学者甚至穷尽毕生精力专注于校勘《水经注》的工作。其中，有两个版本对后来影响很大：一是《永乐大典》收入的《水经注》，被称为《大典本》；另一个就是朱谋㙔的《水经注笺》，又称《笺本》。《笺本》为朱氏收集了民间流传的《水经注》的多种版本精心校勘而成，被清代顾炎武（亭林）称为"三百年一部书"。《笺本》对后来影响很大，清代有的学者校勘《水经注》就是以朱谋㙔校勘的《水经注笺》为底本。

清代校勘《水经注》之风更盛。清初著名学者顾炎武、刘献廷、胡渭等对《水经注》研究都有贡献。特别是乾隆时期的全祖望、赵一清、戴震三人对校勘《水经注》贡献尤为卓著，为乾嘉考据学派的重要代表人物。

全祖望出自郦学世家，祖上三代孜孜不倦地从事《水经注》的校勘。全祖望深得祖传，而他本人又七校《水经注》，成为郦学史上的佳话。清代著名学者张穆称颂全祖望的校勘："今世之读《水经注》者，必主戴震本，次则赵一请本。穆按：两家于此书不为无功，至凿山信道，则谢山全氏之力为多，两家皆拾渖于全氏者也。"[①]文中的"谢山全氏"即全祖望，"两家皆拾渖于全氏者也"意即戴震和赵一清两人皆得益于全祖望。此外，全祖望还据祖上所传，提出《水经注》有注中注。

赵一清也是出自郦学之家。他的先辈即对《水经注》多有研究。赵一清更是尽毕生精力，几度校勘，成《水经注释》。清代著名学者毕沅称赵一清《水经注释》为"谓有是书以来，不可少之撰述矣。"[②]《四库总目提要》称其书："一清证以本注。杂采他籍……其考据订补，亦极精核……订疑辨伪，是正良多，自官校宋本以来，外间诸刻，固不能不以是为首矣。"文中的"官校宋本"是指戴震校勘的殿本《水经注》，此句话称颂赵一清的《水经注释》为民间校勘《水经注》中最好的一部。文中的"证以本注"，是说赵一清在区分《经》文和《注》文方面有所贡献。赵一清和全祖望校勘《水经注》皆是依据明代朱谋玮校勘的《水经注笺》为底本。值得称道的是，全祖望和赵一清对《水经注》的校勘，没有官方的资助，而是自发的研究，凭着他们的顽强毅力，终毕生精力从事此项工作，这是难能可贵的。

戴震在《水经注》校勘方面，贡献卓著。他的最大贡献是提出区分《经》文和《注》文的"三原则"。由于《水经注》在长期流传中，《经》文和《注》文相混，使内容混乱。他的三原则是：一是《经》文中首云某水所出，以下不另再举水名，但注文内详及所纳群川，加以采摭故实，彼此相杂，则一水之名，不得不屡为另行再举之（即《经》文首记某河名，下面不再重复提该河名，而《注》文由于记载的内容很

①见：吴天任，《郦学研究史》，台湾艺文印书馆，1992年，249～250页。
②见：吴天任，《郦学研究史》，台湾艺文印书馆，1992年，230页。

多，涉及自然和人文等诸多方面，故《注》文对某一河名则多次重复提到）；二是"《经》文叙次所过郡县"，仅说出某县，而《注》文因时代的更迭，旧县或湮或移，固常称"某故城"，而《经》文没有称"某故城"的；三是《经》文云"过"，而《注》文云"径"。虽然全祖望和赵一清也提出《经》文和《注》文区分的问题，但都没有如戴震提的三原则那样明确。因此，戴震提出区分《经》文和《注》文的依据，受到梁启超的高度评价①。戴震还论证了《水经注》一书是三国魏时的人所著。他的这一结论现在也被郦学界普遍接受。戴震在郦学研究方面最大的贡献是进入《四库》馆后校勘的《水经注》版本，被称为"武英殿聚珍本"，又被称为殿本，还被称为官本。由于戴震有判别《经》文和《注》文的原则作为他校勘《水经注》的依据，他校勘《水经注》所依据的《永乐大典》本《水经注》被认为是最好的版本，而且戴震又参照朱谋㙔的《水经注笺》，他在四库馆中又有机会看到赵一清所校勘的《水经注释》，故戴震所校勘的殿本《水经注》，被认为是较好的版本，使原先不堪卒读的《水经注》变成一部可读之书。乾隆皇帝亦对戴震校勘的殿本《水经注》倍加称颂："以数百年丛残缺佚之书，一旦复还旧观，若隐有呵护者，然亦艺林佳话也。"②戴震校勘的殿本《水经注》后被广泛刊印和流传。

由于戴震自称其校勘的殿本《水经注》是依据《大典》本，但学者们指出他校勘的殿本《水经注》与赵一清校勘的《水经注释》有许多相同之处。由于赵一清校勘的《水经注释》早于戴震校勘的殿本《水经注》问世，且戴震在四库馆校勘《水经注》时，可以看到赵一清校勘的《水经注释》，但戴震在他校勘的殿本《水经注》中对赵的校勘成果只字未提。故此，自殿本问世后，学界多指责戴震抄袭赵一清校勘的成果。但也有学者认为赵一清抄袭戴震校勘的殿本《水经注》。戴震与赵一清谁抄谁的问题，史称"戴赵相袭案"。其中多数学者认为戴袭赵，

①见：吴天任，《郦学研究史》，台湾艺文印书馆，1992年，281页。
②文渊阁《四库全书》本。

少数学者认为赵袭戴，认为戴乃本人抄赵，赵乃赵一清的后人袭戴。关于"戴赵相袭"案，学界一直为之争论长达两百多年，到民国时期著名学者胡适用后半生的20年精力，直到他去世为止，为戴震翻案，论证戴震没有抄袭赵一清。近年出版的《戴震评传》[①]一书，亦持与胡适相同观点，认为戴震没有抄袭赵一清的研究成果。

清代后期有董祐诚著《水经注图说》和汪士铎编绘《水经注图》。董祐诚编绘的图已佚，仅剩文字疏释部分。汪士铎的《水经注图》由陈桥驿教授校释，2003年由山东画报社出版。

清代后期还有谢钟英为《水经注》作补注，著有《补水经注洛水泾水武陵五溪考》。

清末民国时期有王国维，特别是杨守敬及其弟子熊会贞在校勘和研究《水经注》方面成就卓著。

杨守敬、熊会贞师生二人，用了半个多世纪的时间对《水经注》进行校勘并进行注释和疏解，以《水经注疏》而著称于世。杨守敬于1916年去世，此后由熊会贞继续其老师未完之业，直到1936年熊会贞含屈自缢而死，成为郦学史上最悲壮的一页。《水经注疏》最后易稿达六七次之多，成鸿篇巨制。杨守敬还与熊会贞以《大清一统图》为底图，编绘《水经注图》，被称为《杨图》。《杨图》为红黑两色套印表示古今地理沿革。黑色表示古代地理要素与名称，红色表示当代地理要素与名称，开创了历史地图编绘用两色套印的绘制方法。《杨图》在郦学史上评价极高。《杨图》于2009年由中华书局出版。

王国维是在杨守敬之后在郦学研究方面的贡献卓著者。王氏从事郦学研究达10余年，对明清以来有代表性的主要8种版本的《水经注》进行精密校勘，并撰写跋文，指出各种版本的沿革、优劣、异同。其所言，皆为灼见。他又在对这8种版本校勘的基础上，完成《水经注校》。

---

① 李开，《戴震评传》，南京大学出版社，2001年。

此后，在郦学研究上较卓著者有郑德坤和胡适。郑德坤于1934年编纂《水经注引得》。后又编《水经注引书考》和《水经注故事钞》，此二书1974年由台湾艺文印书馆出版。在《水经注引书考》一文中，他考证了《水经注》引书多达436种，其中何书今存，何书今佚，各书作者和卷帙等，也都一一考证。郑德坤编撰的另一部《水经注研究史料初稿》，经吴天任整理作为《水经注研究史料汇编》于1984年由台湾艺文印书馆出版。全书收集郦学史料78篇，其中有许多名家对郦学史有重要价值的论著。他的另外一些相关论著被收入《中国历史地理论文集》（中国文化研究所、中国考古学术研究中心集刊之一）由香港中文大学于1980年出版。他的《水经注引得》《水经注引书考》及《水经注研究史料初稿》三部著作是有关《水经注》的最基础性著作。郑德坤还依杨守敬《水经注图》重新编绘《水经注图》。

胡适将他一生最后20年专注于郦学研究。他研究郦学的初衷，是要重审"戴赵相袭"案，企图证明戴震没有抄袭赵一清的《水经注释》，而是赵抄袭戴的成果。虽然胡适最后承认赵一清并未抄袭戴震的成果，他为戴震洗刷抄袭赵一清之案也未得到学术界的认可，但他为此撰写了大量文章。在他的十大本《胡适手稿》中，前六集都是有关"戴赵相袭"案，以及有关郦学史的通信集和有关《水经注》版本的研究，其中有不少真知灼见。《胡适手稿》从1966年起陆续出版，激起郦学研究的又一波澜，对郦学研究有极大意义。胡适在进行此项研究中，还收集众多《水经注》版本，其所收集的版本之多，在他之前的郦学史上无出其右。

20世纪中后期，在郦学研究方面贡献卓著的有吴天任先生和陈桥驿先生。

吴天任先生执教于香港多所学校，毕生致力于郦学史研究。他的第一部郦学史著作为1974年台湾艺文印书馆出版的《杨惺吾先生年谱》。该书不仅包括有关杨守敬生平的详细史实及著述目录，还将杨守敬去世后直至1971年为止与郦学有关的重大事件也予以收入，包括1971年台北中华书局将杨守敬和熊会贞共同完成的《水经注疏》第六稿影印出版作为截止事件。吴天任先生又编纂《水经注研究史料汇编》，于1984年由台湾艺文印书馆出版。全书分上下两册。上册为郑德坤所编纂，下册为吴天任编纂。下册收集郦学史料多达178篇，其中有许多是已难以见到的近代郦学家的论文和书信，以及吴天任本人未曾发表的8篇郦学研究论文。吴天任先生的最后一部力作是在他去世前一年1991年由台湾艺文印书馆出版的《郦学研究史》。该书将《水经注》的内容分为20多类进行梳理，此外还对历代凡涉足郦学领域的人都有介绍。该书最后提出今后郦学研究的6个方向。这是一部郦学研究史的全面系统之著作。

当代在郦学研究方面，成绩最卓著的当属原杭州大学、现浙江大学陈桥驿教授。他的研究包括多方面：对《水经注》版本源流进行了系统研究；梳理了《水经注》各个版本发展的脉络；对各个版本《水经注》的优劣之处进行了评价；对郦学史上各位学者的贡献给以客观评价；对"戴赵相袭"案给予客观评价。陈先生指出戴震抄袭赵一清的《水经注释》是不容否定的，但长达近200年的"戴赵相袭"案的争论影响了郦学研究的发展，将郦学研究引入歧途。陈先生还指出，尽管戴震有抄袭赵一清研究成果的不良行为，但戴震所校勘的《水经注》是所有版本中最佳的版本，为迷茫中的郦学研究指出了正确方向；他用戴震校勘的殿本《水经注》为底本，进行点校；他还查阅了国内外各大图书馆馆藏各种版本《水经注》，并在此基础上，又对殿本《水经注》进行校释和校证。此外，陈先生还对杨守敬、熊会贞注疏的《水经注疏》的版本源流进行了深入仔细的调查和研究；陈先生还对《水经注》记载的内容进行分类专项研究，按自然地理要素、人文地理要素，以及按引书、碑刻等专项进行研究；还对郦学史进行大量研究。陈先生郦学方面著作极丰，已出版《水经注研究》共四集，《郦道元与水经注》，《郦学札记》一部，《郦道元评传》一部，《水经注论丛》一部，点校、校释和校证《水经注》四种，其中有对殿本《水经注》的点校本、有校释本、有与段熙仲先生共同完成的对杨、熊注疏的《水经注疏》的点校本。2007

年由中华书局出版的由陈先生校证的《水经注校证》，是先生对《水经注》研究的歇笔之作。此外，先生还校释清代汪士铎《水经注图》一部，还出版有多种全译本《水经注》。陈先生还与港台及日本等郦学研究者进行广泛交流，推进郦学的发展。

近30年来，大陆学者对《水经注》开展了广泛研究。其中有通过实地考察对《水经注》记载的山西省河流进行考证和实地验证[①]，有的通过野外沉积地层研究与《水经注》记载的古河道古湖泊进行对比研究[②]，对《水经·长江水注》进行补注[③]。此外，还有对《水经注》记载的内容进行专题研究，如《水经注碑录》[④]。此外，还有数百篇论文，涉及的方面很多。其中有纠正《水经注》的错误，有对《水经注》进行疏证，有对《水经注》的文学价值进行探讨，也有对《水经注》进行地理学的研究，主要是对比研究《水经注》的记载与今天地理环境的变化，以及对郦学史的研究，包括对杨守敬、熊会贞《水经注疏》版本源流和传布的研究等等。总之，当前大陆的郦学研究正处在繁荣时期。

国外学者涉足郦学研究的学者亦很多，特别是日本学者在郦学研究方面贡献良多。

在郦学发展史上，学者们的研究又各有侧重。陈桥驿先生将郦学发展归类分为三个方向，或三个学派，即考据学派、词章学派和地理学派。考据学派主要是对《水经注》的文本进行考证校勘，对各种版本的传播过程和前人研究《水经注》的历史，即郦学史进行考究。明清和民国时期的郦学研究者们大多都属于考据学派。考据学派在郦学研究中功不可没。他们的研究，使原先残缺不全、错讹脱漏、难以读懂的《水经注》成为一部可读的名著。词章派主要是从文学的角度对《水经注》进行研究。地理学派则主要是从地理学的角度对《水经注》进行研究，包

---

① 谢鸿喜，《〈水经注〉山西资料辑释》，山西人民出版社，1990年。
② 吴忱等著，《华北平原古河道研究》，中国科技出版社，1991年。
③ 熊茂洽、曹诗图编著，《〈水经注疏·江水〉校注补》，武汉水利电力大学出版社，1999年。
④ 施蛰存撰，《水经注碑录》，天津古籍出版社，1987年。

括将《水经注》绘制成地图,对《水经注》中的地理内容进行分类整理,对《水经注》中记载的内容与今天的地理环境,特别是今天的河道情况进行比较研究,探讨水系乃至自然环境的变迁,以及古今人文地理的变化等。地理学研究方向在近年郦学研究中越来越占有重要地位。

二、郦学发展前景广,多个方向待拓展

虽然自明清以来至当代,郦学研究已取得丰硕成果,但仍有很多重大问题需要探讨,仍有若干重要方向有待开拓。

陈桥驿先生1982年在《编纂〈水经注〉新版本刍议》一文中,首先指出版本对于郦学研究的重要,进而提出,一部能代表现代水平的新版《水经注》应具有五个方面的特点:一是统一的体例,第二是正确的文字,第三是完整的内容,第四是科学的注疏,第五是详悉的地图[1]。陈先生所提的这几项代表现代水平新版《水经注》标准,实际上也应是郦学研究的主要方向和任务。

王国忠于1985年提出编纂《水经注辞典》[2]。

已故香港郦学家吴天任先生在《郦学研究史》一书中,专门有《今后水经注研究之新方向》一节,提出"重编《水经注》新版本"、"编纂《水经注》辞典"、"重制《水经注地图》"、"利用《水经注》地理资料作实用研究"、大专院校开设《水经注》研究专课,编纂《水经注》索引等研究方向[3]。

---

[1]陈桥驿,《编纂〈水经注〉新版本刍议》,原载《古籍论丛》,福建人民出版社,1982年。另收入作者《水经注研究》,天津古籍出版社,1985年。
[2]王国忠,《〈水经注辞典〉编纂刍议》,《辞书研究》,1985年4期,上海辞书出版社。
[3]吴天任,《郦学研究史》,台湾艺文印书馆,1992年。

仅就上述三位学者所提郦学研究方向和任务而言，今后郦学研究还有大量而繁重的工作。

总之，《水经注》是中华文化遗产的瑰丽珍宝，其中的丰富内容和各种信息对于今天科学研究、经济建设、生态文明建设和文化建设都有极为重要的意义。为让这部宝贵的文化遗产充分发挥其作用，郦学研究仍面临繁重的任务。

参考文献

[1] 魏书[M].北京：中华书局，1983.

[2] 北史[M].北京：中华书局，1983.

[3] 袁珂校注，山海经校注[M].上海：上海古籍出版社.1980.

[4] 吴天任编，水经注研究史料汇编[M].台北：台湾艺文印书馆，1984.

[5] 王国维.水经注校[M].上海：上海人民出版社，1984.

[6] 陈桥驿.水经注研究[M].天津：天津古籍出版社，1985.

[7] 陈桥驿.郦道元与水经注[M].上海：上海人民出版社，1987.

[8] 李凭，王振芳.郦道元与水经注[M].石家庄：河北教育出版社，1988.

[9] 陈桥驿.水经注研究（二集）[M].太原：山西人民出版社，1987。

[10]施蛰存.水经注碑录[M].天津：天津古籍出版社，1987.

[11] 无名氏.[后魏]郦道元注.杨守敬，熊会贞疏，段熙仲点校，陈桥驿复校.水经注疏[M].南京：江苏古籍出版社，1989.

[12][北魏]郦道元撰，陈桥驿点校.《水经注》[M].上海：上海古籍出版社，1990.

[13] 吴天任.郦学研究史[M].台北：台湾艺文印书馆.1992.

[14] 陈桥驿. 郦学新论——水经注研究（三集）[M].太原：山西人民出版社，1992.

[15] 谢鸿喜.水经注山西资料辑释[M].太原：山西人民出版社，1990.

[16] 杨世灿，熊茂洽.水经注疏·三峡注补[M].武汉：湖北人民出版社，1992.

[17] 陈桥驿.郦道元评传[M].南京：南京大学出版社，1994.

[18] 陈桥驿.水经注校释[M].杭州：杭州大学出版社，1999.

[19] 熊茂洽，曹诗图.水经注疏·江水校注补[M].武汉：武汉水利电力大学出版社，1999.

[20] 陈桥驿.郦学札记[M].上海：上海书店出版社，2000.

[21] 陈桥驿.水经注研究（四集）[M].杭州：杭州出版社，2003.

[22] 郦道元撰，陈桥驿校证.水经注校证[M].北京：中华书局，2007.

[23] 陈桥驿.水经注论丛[M].杭州：浙江大学出版社，2008.

[24] 陈桥驿.水经注全译[M].贵阳：贵州人民出版社，1996.

[25] 陈桥驿译注，王东补注.水经注全译[M].北京：中华书局，2009.

索　引

1. 生态环境、环境变化、自然异常现象、自然灾害关键词

2. 工程（水利与建筑）领域关键词

3. 郦道元的自然观和科学思想关键词

4.《水经注》与郦学史的关键词

5. 历史文化关键词

6. 郦道元的生平与事迹关键词

7. 历史事件

8. 文献名

9. 人名

10. 地名

11. 其他关键词